두뇌 놀이 120개! 역사 여행

우리 역사 다른 그림 찾기, 그림자 찾기 등

글쓴이 **김단** · 그림 **홍수미**

Raspberry 라즈베리

관찰력 | 집중력 | 분석력 | 직관력 | 논리력

역사 1

고조선을 세운 **단군왕검** 4p

역사 2

활 쏘는 아이, 고구려를 세우다 **주몽** 12p

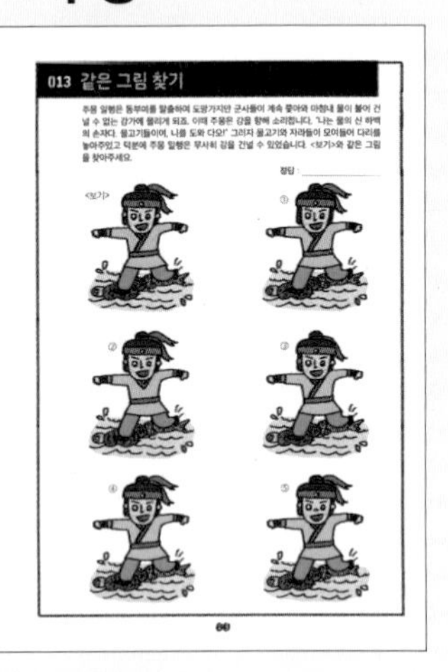

역사 3

요동과 만주는 내 손안에! **광개토대왕, 장수왕** 20p

역사 4

삼국 통일의 주역 **김유신, 김춘추, 문무왕** 30p

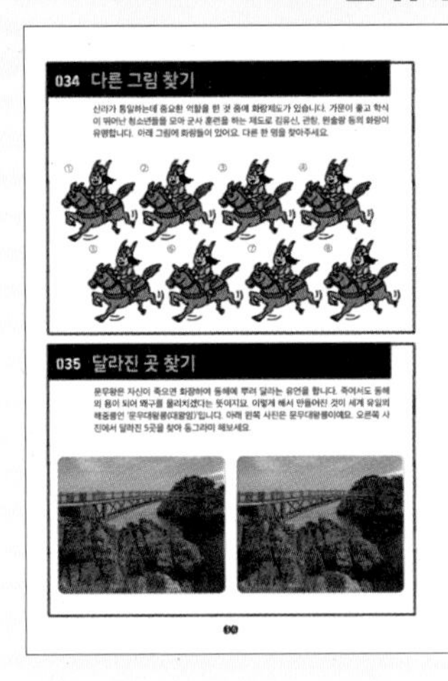

역사 5

다시 한 번 한반도를 통일하다 **왕건** 38p

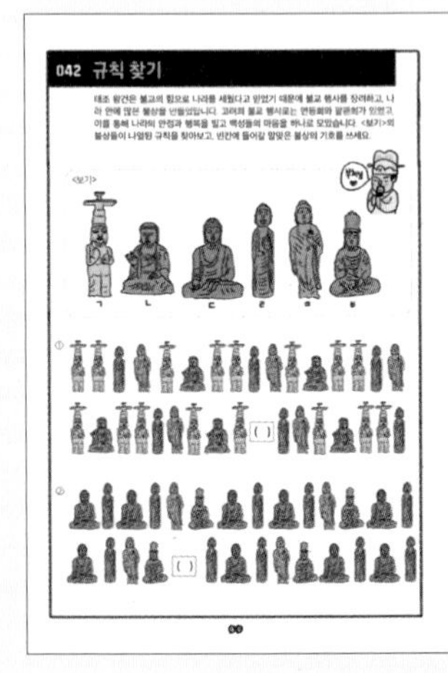

역사 6

고려를 향한 일편단심 **정몽주** 46p

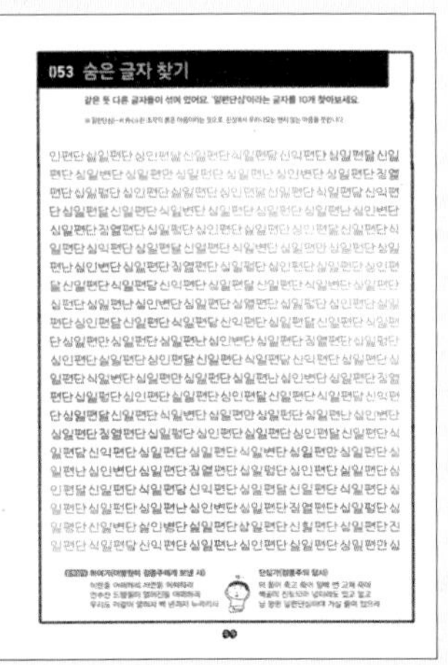

수지능 순발력 창의적 사고력 형태 지각 능력 공간 지각 능력

역사

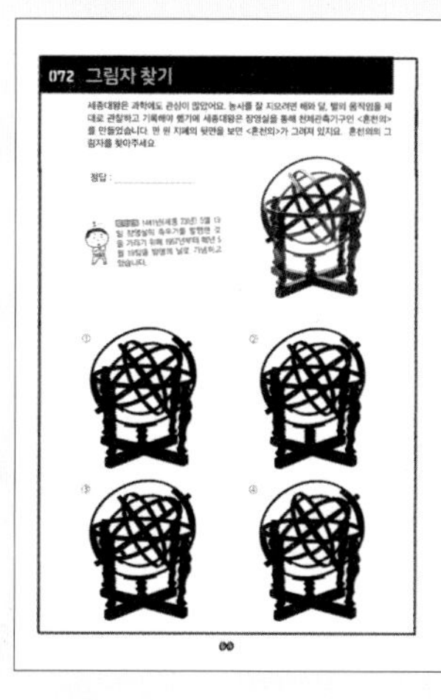

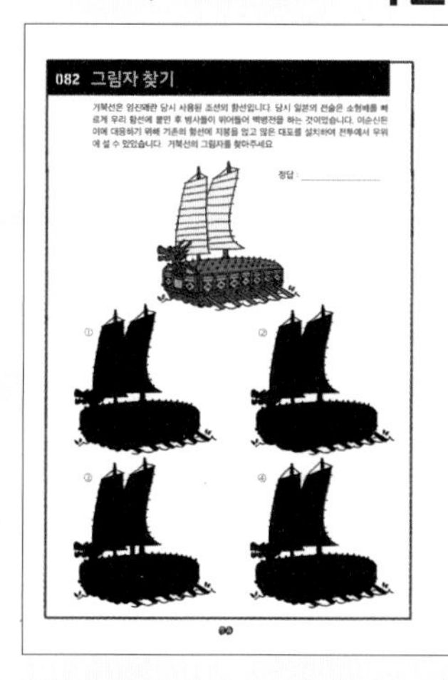

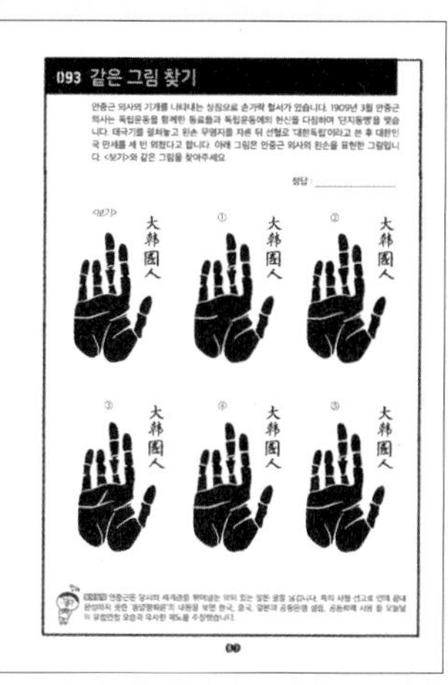

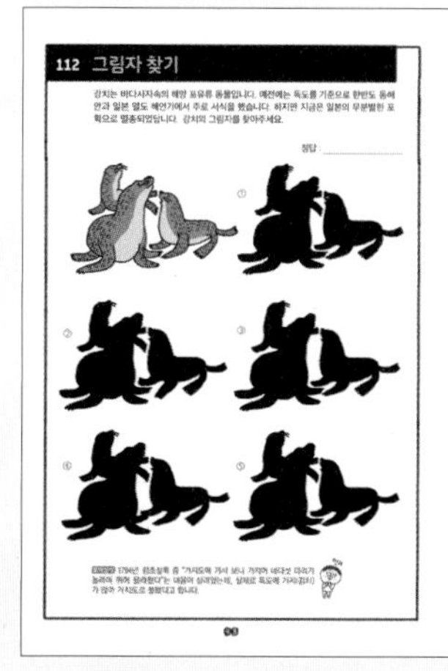

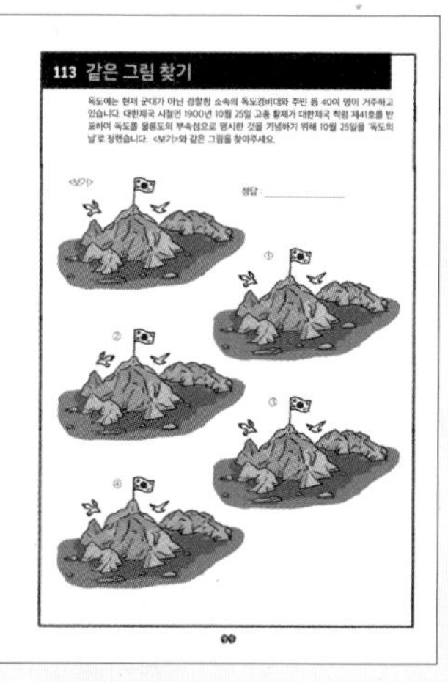

고조선을 세운 단군왕검

하느님(환인)의 아들인 환웅에게 곰과 호랑이가 찾아와 인간이 되게 해 달라고 빌었습니다. 환웅은 100일 동안 쑥과 마늘만 먹고 햇빛을 보지 않으면 인간이 될 것이라고 했습니다. 그리고 곰만이 이 시험을 통과해 여자가 되었고 환웅과 결혼하여 단군왕검을 낳았습니다. 단군왕검은 도읍을 아사달로 정하고 조선이라는 나라를 세워 1500년 동안 다스렸습니다. 이 나라가 바로 우리나라 최초의 국가인 고조선입니다.

001 왼쪽 그림과 달라진 곳 찾기

왼쪽 그림과 달라진 곳이 6군데 있어요. 달라진 곳을 찾아 동그라미 해보세요.

토막상식 홍익인간(弘益人間)이란 '널리 인간을 이롭게 한다'는 의미로 고조선의 건국 정신입니다. 단군왕검은 특정인을 지칭하는 이름이 아닌 당시 왕의 호칭이었습니다. 즉 1대 단군왕검, 2대 단군왕검 등으로 불리는 거죠. '단군'은 종교적 지도자를 '왕검'은 정치적 지도자를 의미하는 말로, '단군왕검'은 한사람이 종교와 정치 모두를 지배했다는 것을 의미합니다.

002 그림자 찾기

100일 동안 쑥과 마늘만 먹고 햇빛을 보지 않으면 사람이 될 수 있게 해주겠다는 환웅과의 약속을 열심히 지킨 곰은 마침내 여자가 되었어요. 이 여자의 이름이 '웅녀'예요. 웅녀가 되기 전 곰의 그림자를 찾아주세요.

토막상식 단군신화에 관한 최초의 기록은 고려시대 일연 스님의 '삼국유사'이고, 이후 '제왕운기', '응제시주'에도 등장합니다. 참고로 김부식이 지은 '삼국사기'는 유학적 이념과 신라 계승적 사고를 가지고 작성했기 때문에 단군신화의 기록은 없습니다.

그렇구나

① ③

② ④

토막상식 개천절은 단군왕검이 기원전 2333년 최초의 민족국가인 고조선을 건국한 것을 기념하는 국경일로 10월 3일입니다. 참고로 우리나라의 5대 국경일은 개천절, 3.1절, 광복절, 제헌절, 한글날입니다.

003 같은 글자 찾기

네모 칸 안에 색, 크기, 방향이 다른 다양한 글자들이 있어요. '쑥'이라는 글자를 찾아 그 개수를 적어주세요.

정답 : ____________________

토막상식 쑥은 달래, 냉이와 더불어 대표적 봄나물입니다. 히로시마 원폭 때도 모든 식물은 죽었으나 쑥만은 살아날 만큼 강인한 생존력을 가지고 있죠. 쑥은 항균작용, 소화촉진, 항암작용이 뛰어나고 특히 여성에게 좋은 역할을 한다고 하네요. 곰이 쑥을 먹었기에 건강한 여성, 웅녀로 다시 태어났나 봅니다.

쑥	쑥	쭌	쏙	순	몽	쑥	곰
곰	찐	쑥	쑥	싹	몸	쑥	눅
쑥	쑥	장	술	쑥	쑴	숭	쑥
숨	쑥	쭌	국	순	쑥	쑥	쑥
곰	순	쏙	녹	쑹	노	중	장
숙	쭌	싹	쏙	쑥	쑥	쭌	수
쏙	쑥	산	삼	쑥	장	술	쏙
중	쏙	쌀	쑴	쑥	산	속	쏙
순	몽	쏙	곰	찐	곶	웅	쏙

004 다른 그림 찾기

사람이 되고 싶은 호랑이가 쑥과 마늘 먹기가 힘들어서 울상이네요. 여러 호랑이 가운데 한 마리는 조금 다른 모습이에요. 모습이 다른 한 마리의 호랑이를 찾아주세요.

정답 : ___________

005 퍼즐 그림 찾기

환웅과 웅녀가 혼인하여 단군왕검을 낳았어요. 그림이 빠진 곳에 알맞은 퍼즐을 골라주세요.

정답 : ㉠ - ㉡ - ㉢ - ___________

<원본>

①
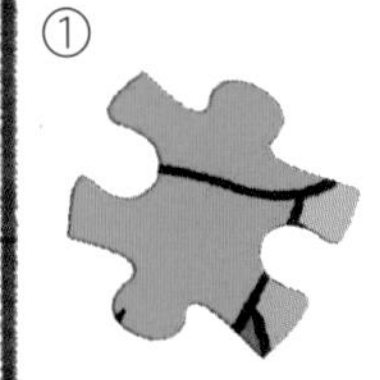

②
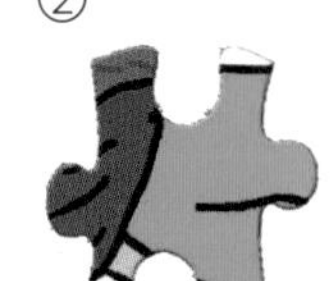

③
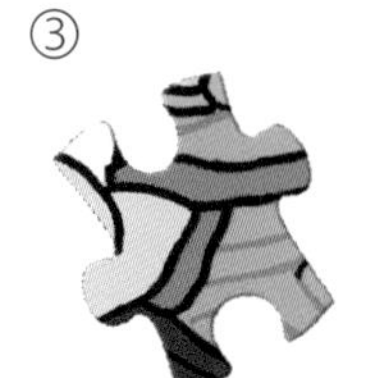

④
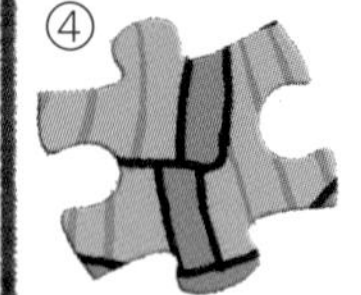

⑤

⑥
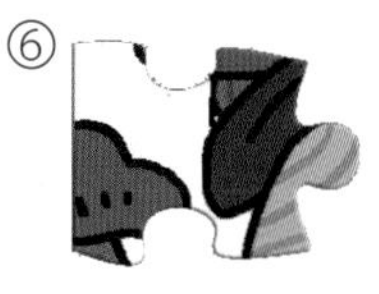

006 남은 동물 수 세기

동물들이 동굴 속을 들락날락하고 있어요. 동굴에 들어가서 나오지 않은 동물, 들어갔다 나온 동물, 들어갔다 나왔다를 반복하는 동물도 있어요. 동굴에 들어가서 나오지 않은 동물은 몇 마리인지 세어보세요.

정답 : ____________

토막상식 고조선의 정식 명칭은 '조선'입니다. 지금 우리가 고조선(옛 조선)이라고 부르는 이유는 1392년 이성계가 건국한 조선과 구별하기 위해서랍니다.

007 그림 퍼즐 스도쿠

가로, 세로 칸에 <보기>의 그림들이 겹치지 않게 채워 넣으세요.

<보기>

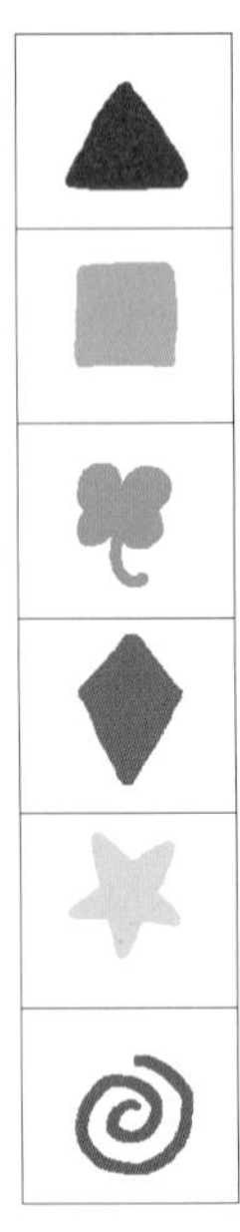

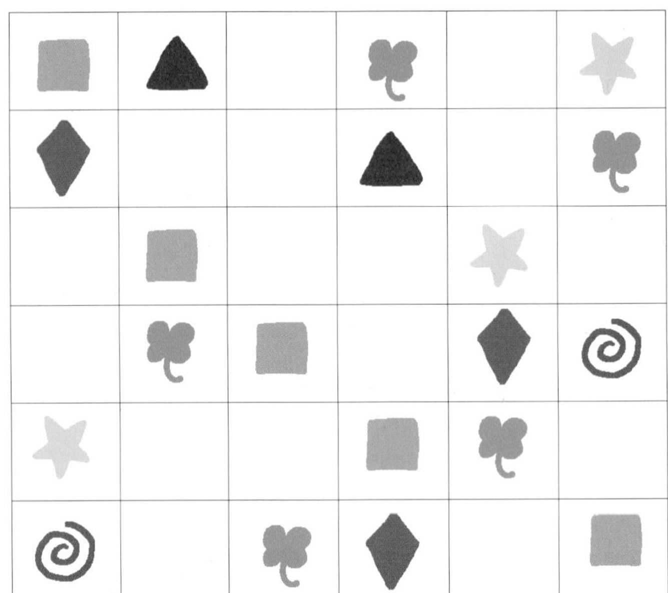

008 같은 색 연결하기

다른 색과 겹치지 않게 같은 색의 고양이들끼리 선으로 연결해 주세요.

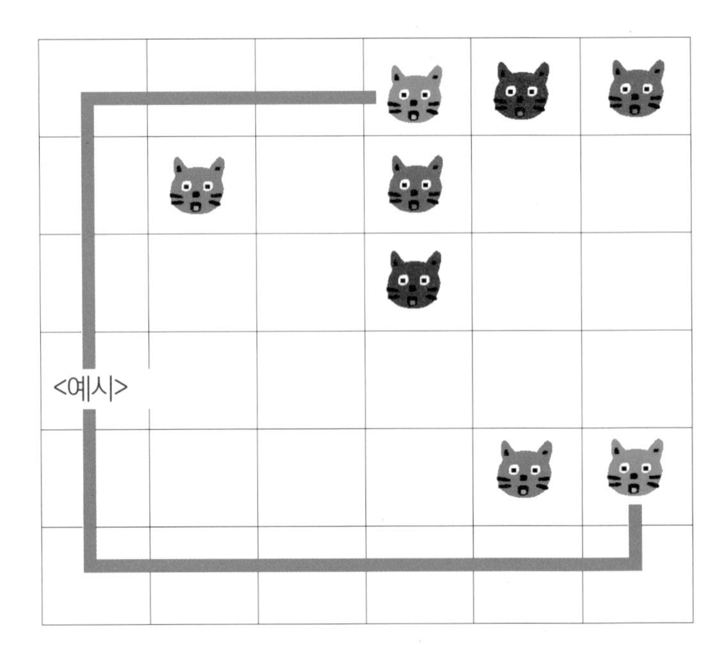

009 한 선으로 잇기

손을 떼지 않고 한 번에 선을 연결해 주세요. 선은 한 번만 지나갈 수 있지만 점은 한 번 이상 지나갈 수 있습니다.

<문제1>

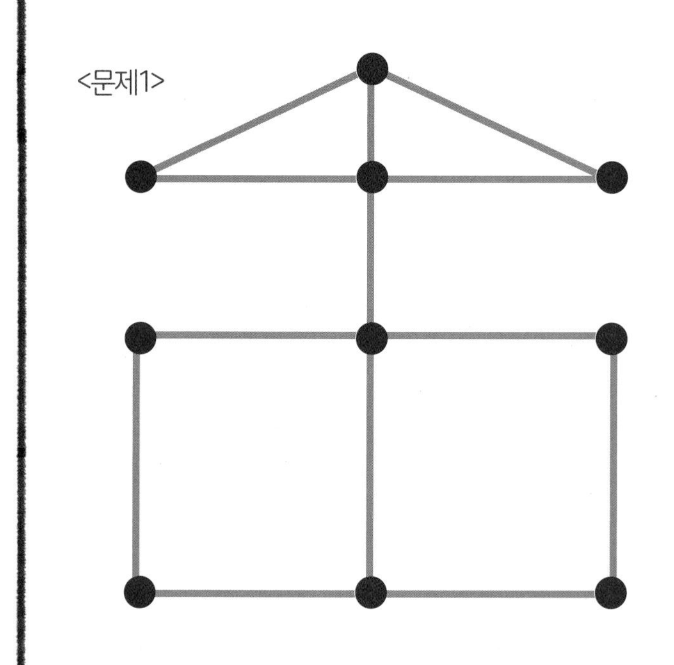

<문제2>

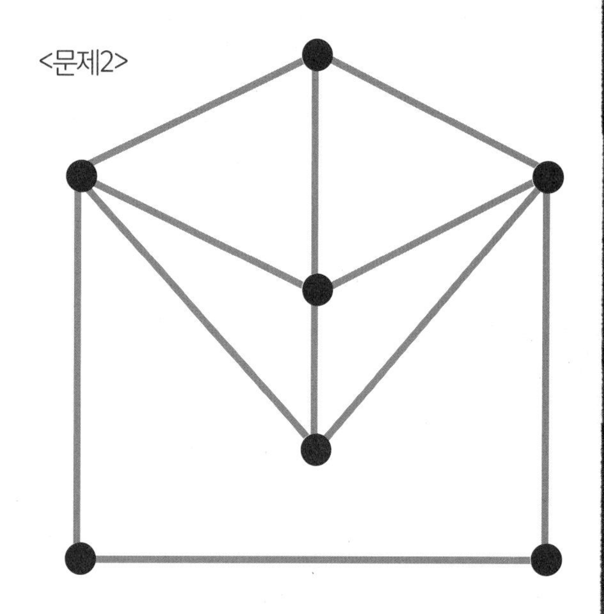

010 퍼즐 스도쿠

1부터 6까지 숫자를 채워 넣어 숫자 퍼즐을 완성하세요. 가로, 세로, 그리고 굵은 선 안에는 같은 숫자가 반복되면 안 돼요.

<문제1>

		2		6	
4					2
6		1		3	
		4			
	4		3		6
	3				5

<문제2>

2	1				6
	4	6	3		
1					
					2
		4	2	1	
3				6	4

활 쏘는 아이, 고구려를 세우다

주몽

유화는 하늘에서 내려온 해모수와 사랑에 빠졌습니다. 유화의 아버지인 물의 신 하백은 그 사실을 알고 화가 나서 딸을 내쫓았고, 유화는 동부여의 금와왕 궁궐에서 알을 낳았습니다. 그 알에서 주몽이 태어났어요. 주몽은 부여말로 '활 잘 쏘는 사람'이라는 뜻입니다. 주몽은 무예가 뛰어나고 머리도 총명하여 금와왕의 아들들에게 시기와 질투를 받았고, 결국 부하들과 함께 동부여에서 도망칩니다. 여러 어려움을 헤치고 졸본에 도착한 주몽 일행은 이곳을 도읍으로 정하여 고구려를 건국합니다.

011 왼쪽 그림과 달라진 곳 찾기

왼쪽 그림과 달라진 곳이 7군데 있어요. 달라진 곳을 찾아 동그라미 해보세요.

토막상식 난생설화는 알에서 사람이 태어났다는 이야기로, 건국 시조나 영웅의 탄생에서 많이 보입니다. 주인공을 신격화하고 초인적 능력을 강조하는 효과가 있죠. 고구려의 주몽, 신라의 박혁거세, 가야의 김수로왕 등이 있습니다.

012 그림자 찾기

고구려의 시조 동명성왕은 일곱 살 무렵부터 재주가 뛰어나 스스로 활과 화살을 만들어 쏘았는데 백발백중이었다고 합니다. 당시 부여 속담에 활 잘 쏘는 것을 '주몽'이라 하였기에 이름을 주몽이라 지었습니다. 동명성왕은 주몽이 죽은 후 후손이 붙인 이름입니다. 활을 쏘는 주몽의 그림자를 찾아주세요.

정답 : ____________

①

②

③

④

013 같은 그림 찾기

주몽 일행은 동부여를 탈출해 도망가지만 군사들이 계속 쫓아와 마침내 물이 불어 건널 수 없는 강가에 몰리게 되죠. 이때 주몽은 강을 향해 소리칩니다. “나는 물의 신 하백의 손자다. 물고기들이여, 나를 도와 다오!” 그러자 물고기와 자라가 모여들어 다리를 놓아주었고 덕분에 주몽 일행은 무사히 강을 건널 수 있었습니다. <보기>와 같은 그림을 찾아주세요.

정답 : ____________________

<보기>

①

②

③

④

⑤

014 짝 없는 하나 찾기

주몽이 태어난 알이 여러 개의 다른 알들과 섞여 있어요. 다른 알들은 같은 모양이 두 개 이상 있지만 주몽의 알은 하나 뿐이에요. 홀로 외롭게 있는 주몽의 알을 찾아주세요.

015 다른 그림 찾기

고구려의 명마(名馬) 과하마(果下馬)는 몸집이 작은 조랑말이었다고 해요. 주몽도 타고 다녔다고 전해지는 아래 말들 중 다르게 생긴 한 마리를 찾아주세요.

016 그림자 찾기

주몽이 말을 타고 활을 쏘고 있어요. 말을 타며 활을 쏘는 주몽의 그림자를 찾아주세요.

정답 : ____________________

토막상식 고구려의 제2대왕인 유리는 주몽이 동부여에 있을 때 혼인한 예씨 부인이 낳은 아들이에요. 증표로 삼은 칼 반 도막을 찾아 고구려로 온 유리는 주몽의 뒤를 이어 왕이 되었습니다. 그리고 이후 도읍을 국내성으로 옮깁니다.

017 그림 퍼즐 스도쿠

가로, 세로 칸에 <보기>의 그림들이 겹치지 않게 채워 넣으세요.

<보기>

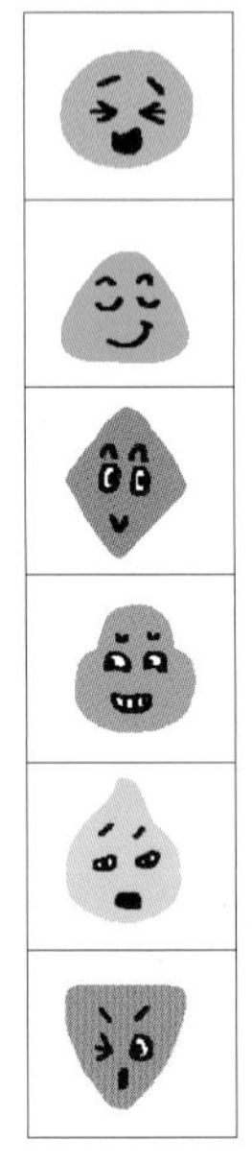

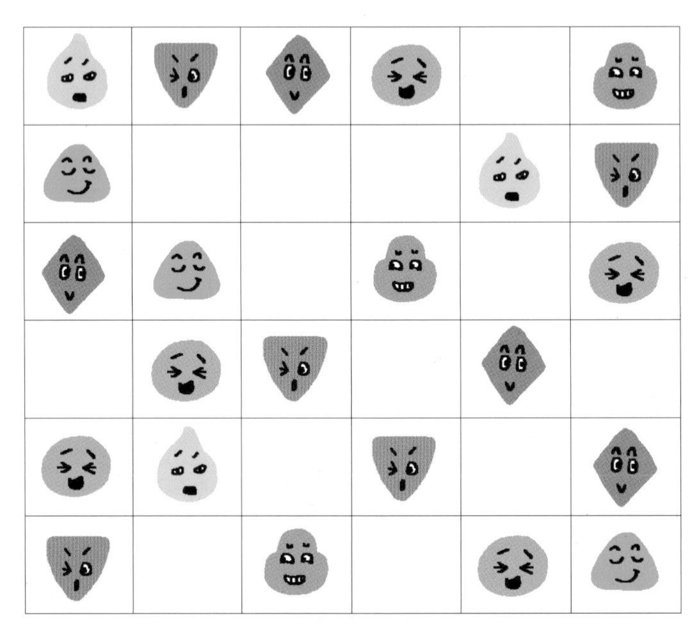

018 같은 색 연결하기

다른 색과 겹치지 않게 같은 색의 고양이들끼리 선으로 연결해 주세요.

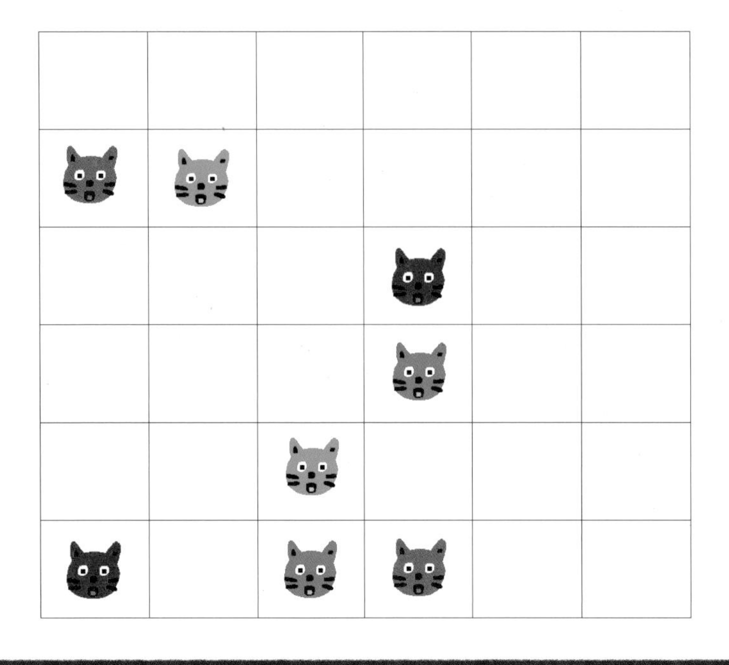

019 한 선으로 잇기

손을 떼지 않고 한 번에 선을 연결해 주세요. 선은 한 번만 지나갈 수 있지만 점은 한 번 이상 지나갈 수 있습니다.

<문제1>

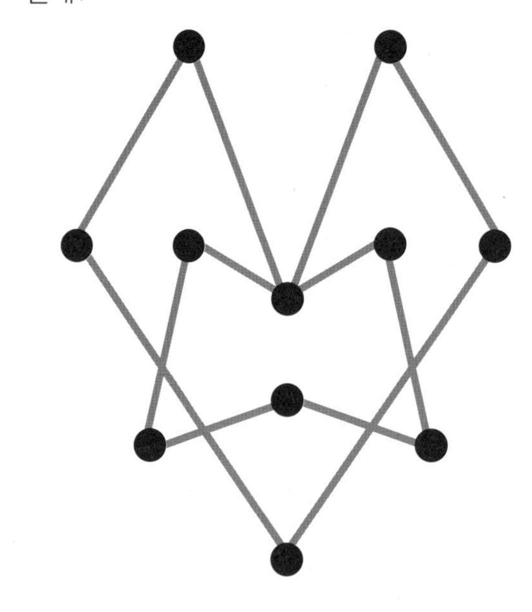

<문제2>

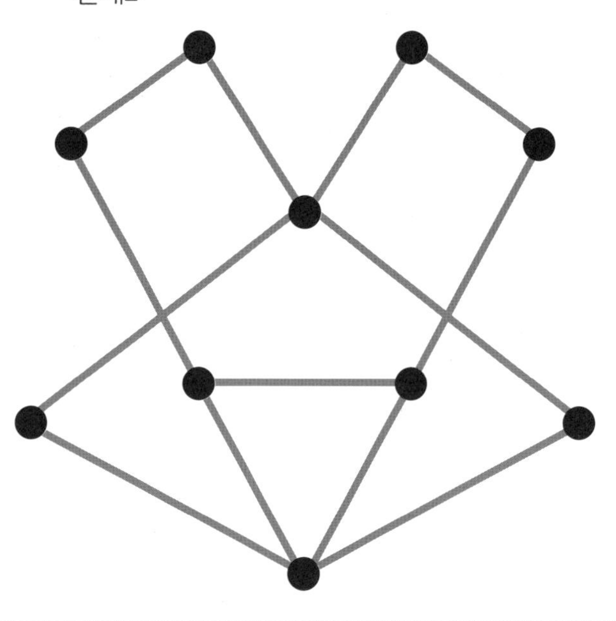

020 퍼즐 스도쿠

1부터 6까지 숫자를 채워 넣어 숫자 퍼즐을 완성하세요. 가로, 세로, 그리고 굵은 선 안에는 같은 숫자가 반복되면 안 돼요.

<문제1>

			6		4
5		1		2	
	2		5		6
			1	4	
	4				1
4		2			

<문제2>

6		5		2	4
			1		
1		2			
	3		2		
		3			5
		6		3	

요동과 만주는 내 손안에!
광개토대왕, 장수왕

광개토대왕은 391년 18세의 어린 나이에 고구려의 새 왕이 되었습니다. 고국양왕의 아들로 이름은 담덕이고, 살아 있을 때는 영락대왕이라 불렸습니다. 그는 여러 전쟁을 통해 영토를 크게 넓히며 고구려를 동북아시아 최고의 강대국으로 만들었죠. 또한 신라에 5만 명의 군사를 보내 신라를 괴롭히는 왜구를 물리치는 데 큰 도움을 주었어요. 하지만 안타깝게도 39세의 젊은 나이로 세상을 떠나고 말았고, 그 뒤를 큰아들인 장수왕이 이었답니다. 장수왕은 평양성으로 수도를 옮기는 등 여러 정책을 통해 광개토대왕만큼 강한 나라를 만들었습니다.

021 왼쪽 그림과 달라진 곳 찾기

왼쪽 그림과 달라진 곳이 8군데 있어요. 달라진 곳을 찾아 동그라미 해보세요.

토막상식 고구려 시조인 주몽은 졸본성을 수도로 하여 나라를 세웠습니다. 이후 2대 왕인 유리왕 때 국내성으로 옮겼다가, 20대 장수왕이 평양성으로 다시 옮깁니다. 이렇게 수도를 옮기는 것을 '천도'라고 합니다. 백제는 위례성에서 건국하여 문주왕 때 웅진성으로, 성왕 때 사비성으로 천도하였습니다. 반면, 신라는 지금의 경주인 서라벌에서 건국해 1천여년간 수도를 옮기지 않았습니다.

022 다른 그림 찾기

고구려 시대의 스님, 병사, 관리, 여자, 남자가 서 있어요. 같은 모습의 사람들 속에 한 사람이 조금 다른 모습을 하고 있네요. 다른 모습의 한 사람을 찾아서 동그라미 해보세요.

토막상식 고구려에는 '서옥제'라는 고유의 결혼 풍습이 있었습니다. 결혼을 하면 신부의 집 뒤에 서옥(사위의 집)이라는 집을 짓고 혼인 생활을 하다가, 이후 아이를 낳아 아이가 자라게 되면 비로소 신랑의 집으로 갑니다. 우리말에 '장가간다'는 말이 있는데, 이것은 '장인, 장모 집에 간다'는 뜻으로 고구려 서옥제의 흔적이 남아있는 것이죠.

023 연산으로 길 찾기

<보기>의 규칙대로 길을 따라 가서 광개토대왕비를 찾아보세요.

<보기>  광개토대왕을 만나면 숫자가 2씩 커지는 길을 가세요.

 장수왕을 만나면 숫자가 2씩 작아지는 길을 가세요.

토막상식 광대토대왕비는 장수왕 2년에 중국 지린성에 세운 비석으로 높이 6.39m, 무게 37톤에 달하는 우리나라 최대의 비석입니다. 비문의 내용은 고구려의 건국 과정과 광개토대왕의 업적을 연대순으로 기록하고 있습니다.

024 연관 단어 찾기

<보기>의 단어들을 찾아보세요. 글자는 가로, 세로, 대각선으로 그리고 똑바로, 거꾸로도 나열되어 있어요.

소	성	등	유	평	결	전	상	린	유
구	수	진	장	명	광	왕	성	명	동
거	사	림	고	지	겸	훈	길	효	전
겨	난	진	왕	대	토	개	광	왕	비
주	금	산	왕	추	미	장	골	유	군
조	경	장	제	루	모	덕	수	리	모
춘	보	설	국	가	선	여	춘	왕	청

<예시>

소수림왕

<보기>

광개토대왕
장수왕
동명성왕
유리왕
보장왕

토막상식 고구려 왕의 계보 : 동명성왕-유리왕-대무신왕-민중왕-모본왕-태조대왕-차대왕-신대왕-고국천왕-신상왕-동천왕-중천왕-서천왕-봉상왕-미천왕-고국원왕-소수림왕-고국양왕-광개토대왕-장수왕-문자명왕-안장왕 -안원왕-양원왕-평원왕-영양왕-영류왕-보장왕

025 달라진 곳 찾기

동방의 피라미드라 불리는 장군총의 사진이에요. 장군총은 지린성 지안현에 있는 고구려 시대 대표 무덤 양식인 돌무덤으로, 장수왕의 것으로 추정되고 있어요. 두 장의 사진에서 달라진 5곳을 찾아 동그라미 해보세요.

026 표시/방향 따라 길 찾아 가기

<출발>에서 <도착>까지 장수왕의 칼이 가리키는 방향을 따라 길을 찾아 가세요.

<출발>

토막상식 장수왕은 광개토대왕의 장남으로 20세의 나이에 왕에 올라 79년 간이나 나라를 다스렸습니다. 98세까지 살아서 후손들이 '장수'라는 시호를 붙였죠.

027 도형 보고 설명하기

아래 문제에서 도형을 보고 설명한 것이 맞으면 O, 틀리면 X 표시하세요.

1

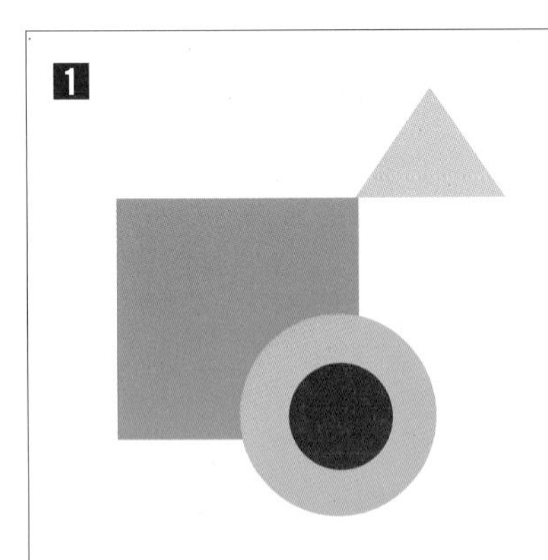

노란색 원 안에 빨간색 원이 있고, 초록색 사각형의 두 변 위에 노란색 원이 일부 겹쳐져 있고, 하늘색 삼각형 꼭짓점과 초록색 사각형 꼭짓점이 맞닿아 있다.

( )

2

초록색 사각형은 노란색 원 위에 있고, 초록색 사각형의 두 변에 하늘색 삼각형이 걸쳐져 있고, 회색 육각형과 초록색 사각형은 세 변이 겹쳐져 있다.

( )

3

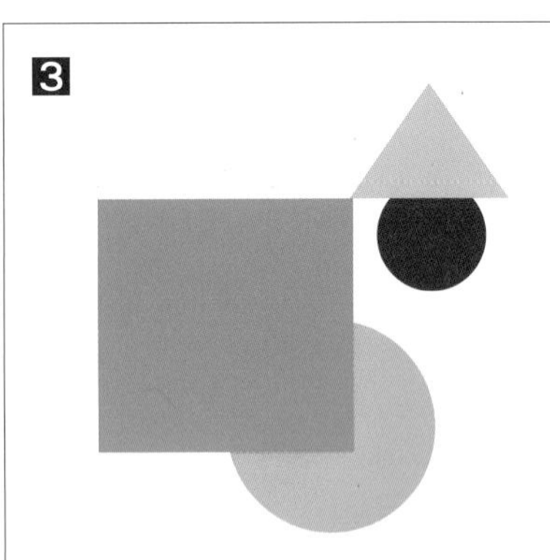

노란색 원 위에 초록색 사각형이 있고, 하늘색 삼각형 꼭짓점과 초록색 사각형 꼭짓점이 맞닿아 있고, 빨간색 원은 하늘색 삼각형의 두 변 아래 걸쳐져 있다.

( )

028 숫자 피라미드 완성

네모 칸에 적힌 숫자는 바로 아래 칸에 적힌 두 숫자를 더한 수예요. 빈칸의 숫자를 적어주세요.

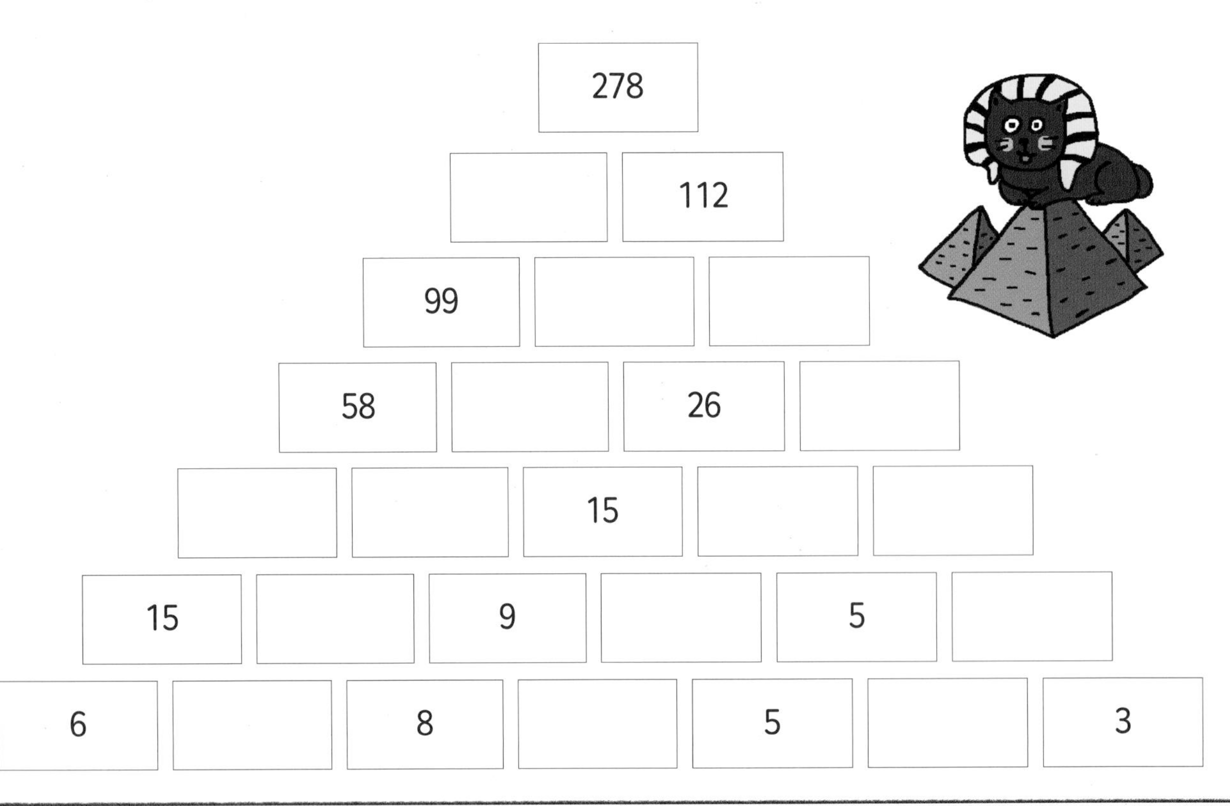

029 숫자 맞추기 퍼즐

숫자판에 적힌 식을 보고 ①, ②, ③, ④, ⑤번에 들어갈 알맞은 값을 차례대로 구해보세요.

①	+	7	=	21
-		-		-
②	+	1	=	④
=		=		=
5	+	③	=	⑤

정답 : ① - ② - ③ - ④ - ⑤ -

030 숫자 연결하기

1부터 시작해서 각 문제에 제시된 끝 수까지 선으로 연결하며 숫자를 채워주세요.
선은 근접한 위아래, 좌우, 대각선으로 연결할 수 있어요.

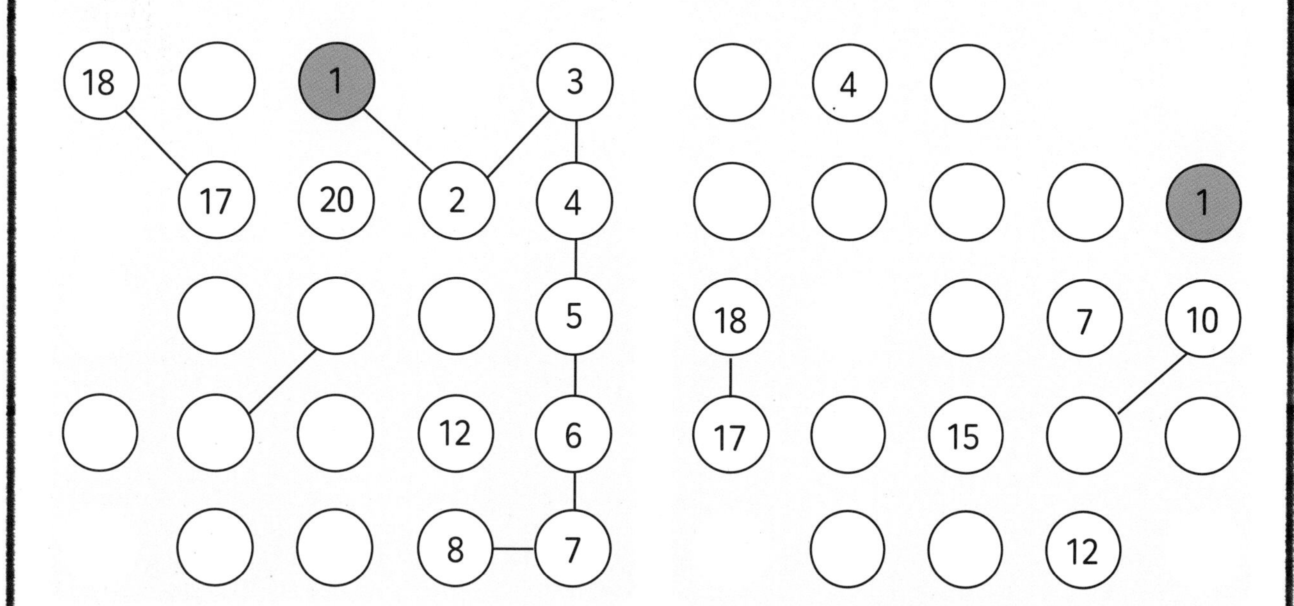

엉뚱하고 재미있는 쉬는 시간♪

머리를 쉬는 기분으로 가볍게 풀어 보세요. (정답은 각자 알아서 ^^)

1 다음 중 단군신화에 나오지 않는 것은? (　　　　)

①

②

③

④

2 다음 중 고구려 주몽이 태어날 때 깨고 나온 것은? (　　　　)

①

②

③

3 다음 중 관계를 틀리게 표시한 것은? (　　　　　)

① 웅녀(엄마) ⇔ 단군왕검(아들)

② 환웅(아빠) ⇔ 단군왕검(아들)

③ 광개토대왕(아빠) ⇔ 웅녀(딸)

④ 광개토대왕(아빠) ⇔ 장수왕(아들)

4 전쟁터로 가는 광개토대왕이 손에 쥐고 있는 것은? (　　　　　)

삼국 통일의 주역
김유신, 김춘추, 문무왕

멸망한 가야의 왕손 김유신과 신라의 폐위된 왕손 김춘추의 운명적인 만남이 삼국 통일을 만듭니다. 김유신의 누이동생 문희가 김춘추의 옷을 꿰매준 것이 인연이 되어, 김유신과 김춘추는 처남 매부 사이가 됩니다. 김춘추의 뛰어난 정치적 능력과 김유신의 강한 군사력이 결합해 삼국 통일의 주춧돌이 만들어진 것이지요. 훗날 김춘추는 태종무열왕에 즉위해 백제를 멸망시키고 뒤를 이은 아들 문무왕이 고구려를 멸망시키며 삼국 통일의 대업을 이룹니다.

031 왼쪽 그림과 달라진 곳 찾기

왼쪽 그림과 달라진 곳이 6군데 있어요. 달라진 곳을 찾아 동그라미 해보세요.

토막상식 김유신이 김춘추와 함께 공을 차다가 일부러 김춘추의 옷을 잡아 옷고름을 떨어뜨리고 자기 집에 가서 달고 가라고 했어요. 집에 온 김유신은 첫째 동생 보희에게 옷고름을 달아 주라고 했답니다. 그러나 보희는 사양했고, 둘째 동생 문희는 오빠의 뜻을 알고 얼른 옷고름을 달아줘 김춘추와 가까워집니다. 이것이 인연이 되어 김춘추와 문희는 부부가 되었어요.

032 규칙 찾기

무열왕 김춘추는 엄청난 대식가여서 하루에 쌀 서 말과 꿩 아홉 마리를 먹었다고 하네요. 참고로 쌀 한 말은 약 8kg이므로, 쌀 서 말은 약 24kg입니다. <보기>의 음식들이 나열된 규칙을 찾아보고, 빈칸에 들어갈 알맞은 음식의 기호를 쓰세요.

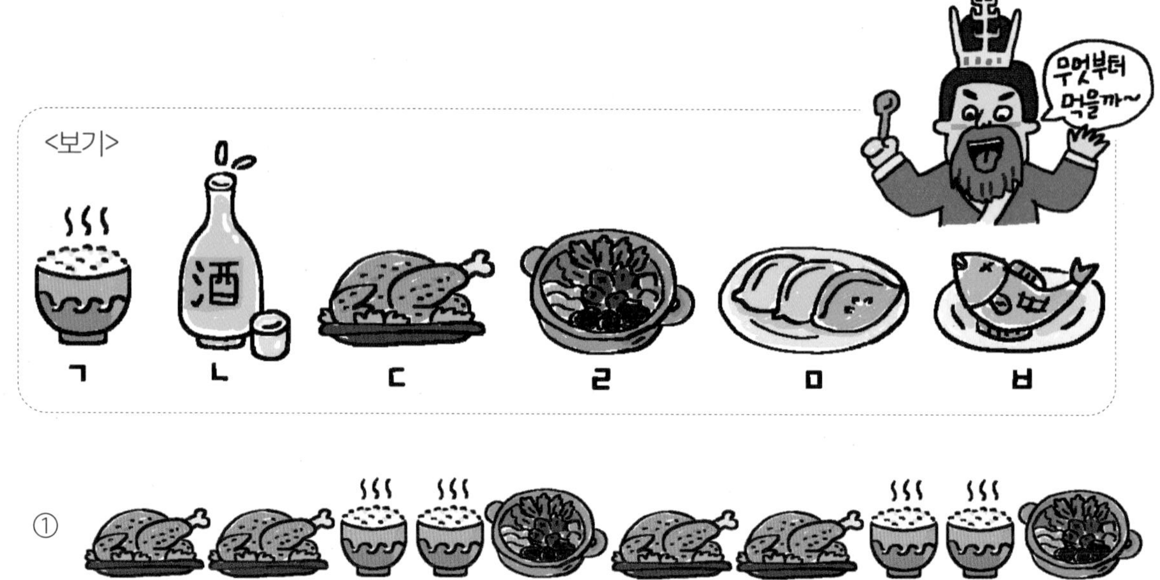

①

②

③

토막상식 신라에는 '골품제도'라는 독특한 신분제도가 있었습니다. 왕족인 성골과 진골, 6두품부터 1두품까지의 귀족과 평민으로 구성되었습니다. 이러한 골품제에 따라 정치적 출세는 물론 사회생활 전반에 걸쳐 여러가지 특권과 제약이 있었습니다.

033 달라진 곳 찾기

"나는 신라 30대 임금 문무왕으로 아버지는 무열왕 김춘추이고 어머니는 김유신의 누이인 문명왕후입니다. 나는 삼촌인 김유신과 힘을 합하여 태자 시절에는 백제를, 왕이 되어서는 고구려를 멸망시키고 삼국 통일의 위업을 달성했습니다. 또한 당나라가 우리 신라를 업신여기자 당과 싸워 자존심을 지켜낸 왕입니다." 아래 그림에서 달라진 6곳을 찾아 동그라미 해 보세요.

034 다른 그림 찾기

신라가 삼국을 통일하는 데 중요한 역할을 한 것 중에 화랑제도가 있습니다. 가문이 좋고 학식이 뛰어난 청소년들을 모아 군사 훈련을 하는 제도로 김유신, 관창, 원술랑 등의 화랑이 유명합니다. 아래 그림에 화랑들이 있어요. 다른 그림 하나를 찾아주세요.

035 달라진 곳 찾기

문무왕은 자신이 죽으면 화장하여 동해에 뿌려 달라는 유언을 합니다. 죽어서도 동해의 용이 되어 왜구를 물리치겠다는 뜻이지요. 이렇게 해서 만들어진 것이 세계 유일의 해중릉인 '문무대왕릉(대왕암)'입니다. 아래 왼쪽 사진은 문무대왕릉이에요. 오른쪽 사진에서 달라진 5곳을 찾아 동그라미 해보세요.

036 숨은 그림 찾기

경상북도 경주에 있는 황성공원에는 김유신 장군 동상이 있습니다. 1977년에 건립되었고, 9.7m 높이의 청동으로 만들어졌어요. 늠름한 경주인을 대표하는 상징조형물입니다. 김유신 장군 동상 그림에 숨어 있는 <보기>의 그림들을 찾아주세요.

토막상식 경주시 충효동에는 김유신의 묘가 있습니다. 왕은 아니었지만 죽어서 흥무대왕으로 추존되어 왕릉의 형식을 갖추고 있고, 무덤 주위를 십이지신상이 둘러싸고 있답니다.

<보기>

토끼

갈매기

나비

꽃

요리사 모자

국자

돌고래

거북이

발

V하는 손

새

당근

종

돛단배

037 도형 보고 설명하기

아래 문제에서 도형을 보고 설명한 것이 맞으면 O, 틀리면 X 표시하세요.

1

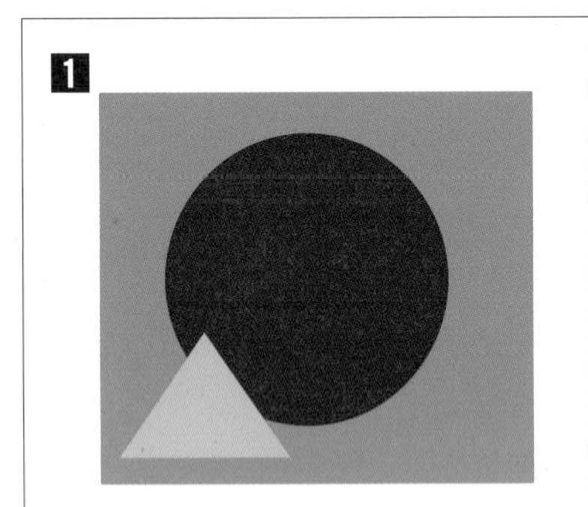

초록색 사각형 안에 빨간색 원이 있고, 하늘색 삼각형과 초록색 사각형의 꼭짓점은 맞닿아 있고, 하늘색 삼각형은 빨간색 원 위에 있다.

( )

2

노란색 원 안에 회색 육각형이 있고, 하늘색 삼각형의 세 꼭짓점이 회색 육각형의 세 변과 맞닿아 있고, 모든 도형의 꼭짓점을 합하면 열 개이다.

( )

3

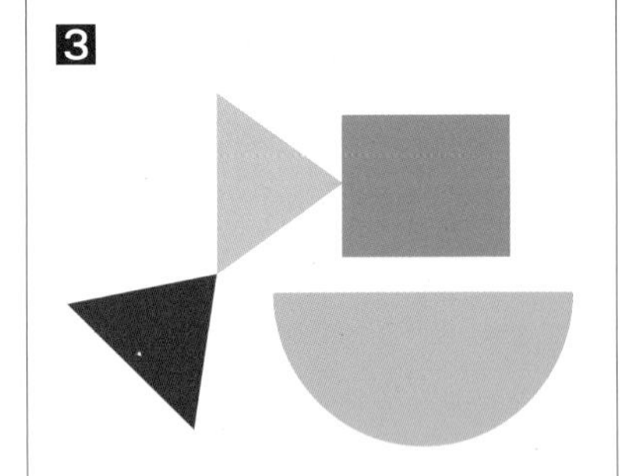

노란색 반원 위쪽에 초록색 사각형이 있고, 하늘색 삼각형의 꼭짓점이 초록색 사각형의 한 변에 닿아 있고, 보라색 삼각형의 한 꼭짓점과 하늘색 삼각형의 한 꼭짓점이 붙어 있다.

( )

038 숫자 피라미드 완성

네모 칸에 적힌 숫자는 바로 아래 칸에 적힌 두 숫자를 더한 수예요. 빈칸의 숫자를 적어주세요.

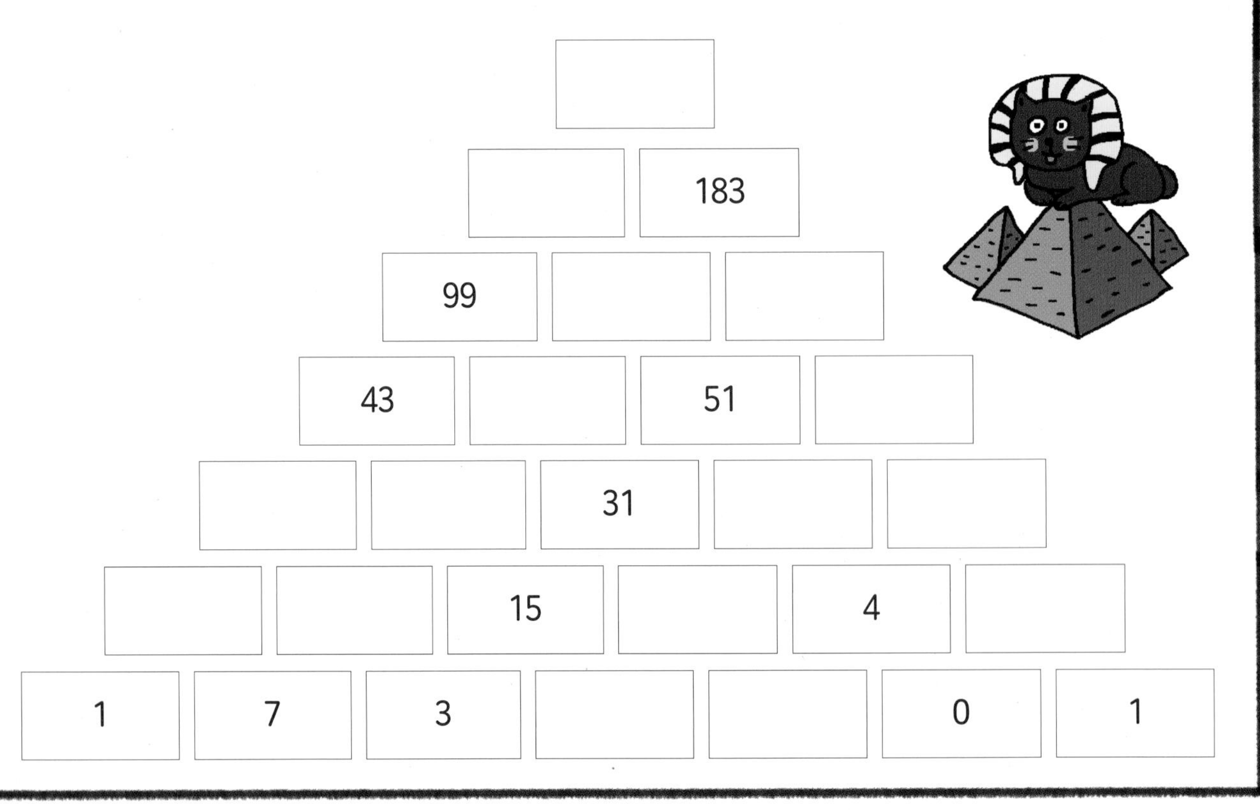

039 숫자 맞추기 퍼즐

숫자판에 적힌 식을 보고 ①, ②, ③, ④번에 들어갈 알맞은 값을 차례대로 구해보세요.

5	+	①	=	16
-		-		-
②	+	2	=	④
=		=		=
③	+	9	=	9

정답 : ① -　　② -　　③ -　　④ -

040 숫자 연결하기

1부터 시작해서 각 문제에 제시된 끝 수까지 선으로 연결하며 숫자를 채워주세요.
선은 근접한 위아래, 좌우, 대각선으로 연결할 수 있어요.

<문제1> 끝 수 : 21　　<문제2> 끝 수 : 20

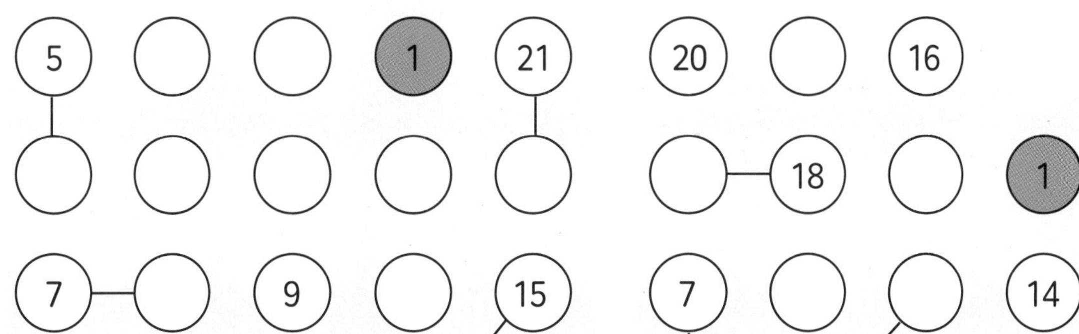

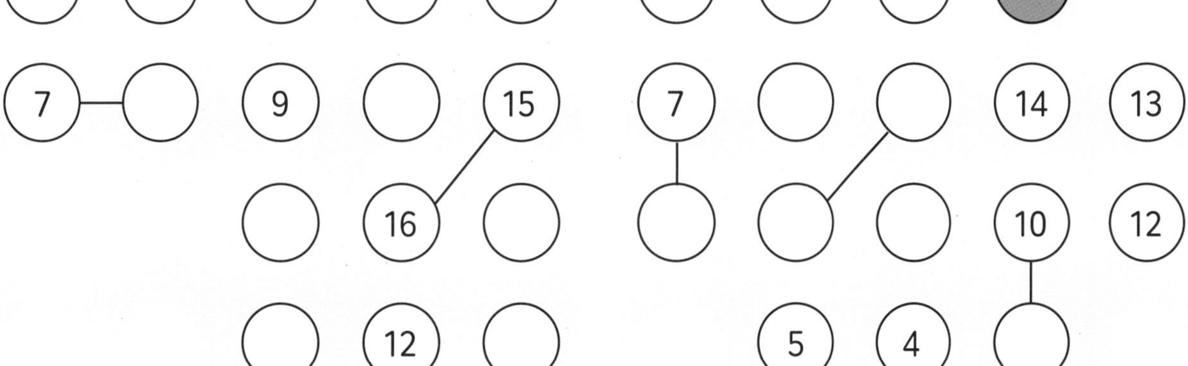

다시 한 번 한반도를 통일하다
왕건

송악(지금의 개성)을 세력 기반으로 가지고 있던 왕건은 신라 말기 중부 지방을 제패한 궁예의 부하였습니다. 병법에 밝고 덕망이 높았던 왕건은 궁예가 후고구려를 세우는 데 큰 공을 세우면서 신임을 얻어 36세에 수상의 자리에까지 오르며 후고구려의 2인자로 올랐답니다. 그러나 궁예의 폭정이 심해지자 신하들은 왕건을 새 왕으로 추대했고, 왕건은 918년 6월 군사를 일으켜 궁예를 몰아내고 고려를 건국하면서 왕위에 올랐습니다.

토막상식 왕건은 고구려를 계승한다는 의미에서 나라 이름을 '고려'라고 지었습니다. 그리고 고려시대 대표적 국제 무역 항구인 '벽란도'를 찾아온 외국 상인들이 고려를 코리아로 발음하면서 우리나라가 서양에 알려지게 되었답니다.

041 왼쪽 그림과 달라진 곳 찾기

왼쪽 그림과 달라진 곳이 6군데 있어요. 달라진 곳을 찾아 동그라미 해보세요.

토막상식 한 젊은이가 목이 말라 우물가에 있는 여인에게 물을 청하자, 이 여인은 급히 마시면 탈이 난다며 물이 담긴 바가지에 버드나무 잎을 띄워 줬다는 이야기 들어 보셨나요? 이 이야기의 주인공이 바로 태조 왕건과 왕비 장화왕후로, 나주 지역에서 전해져 내려오는 설화입니다.

042 규칙 찾기

태조 왕건은 불교의 힘으로 나라를 세웠다고 믿었기 때문에 불교 행사를 장려하고, 나라 안에 많은 불상을 만들었답니다. 고려의 불교 행사로는 연등회와 팔관회가 있었고, 이를 통해 나라의 안정과 행복을 빌고 백성들의 마음을 하나로 모았습니다. <보기>의 불상들이 나열된 규칙을 찾아보고, 빈칸에 들어갈 알맞은 불상의 기호를 쓰세요.

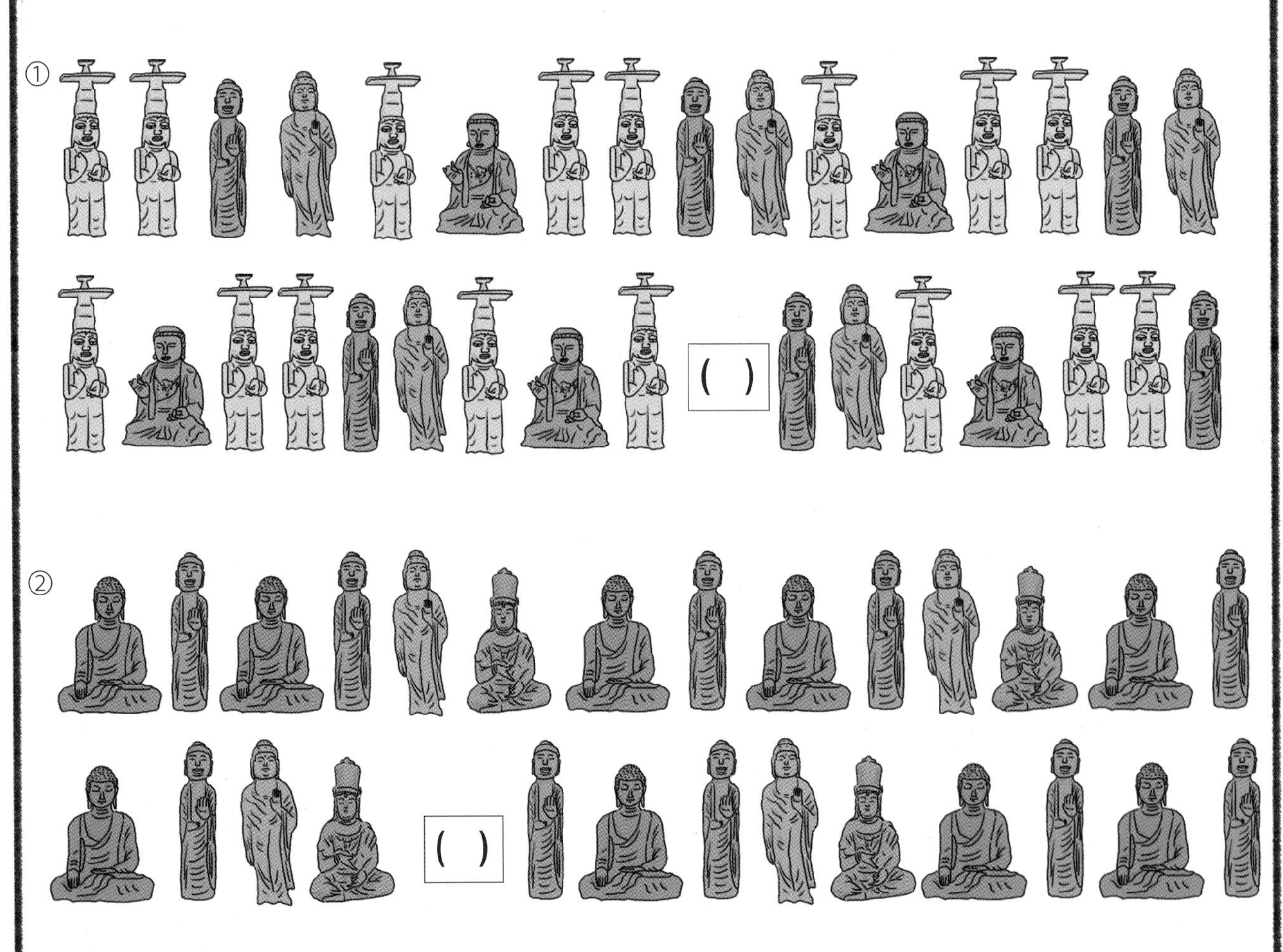

043 달라진 곳 찾기

왕건은 지방의 귀족(호족) 세력을 억누르고 왕권을 강화하기 위해 호족의 딸들과 결혼하여 사위와 장인의 인척 관계를 맺고자 했습니다. 이렇게 하여 부인이 총 29명이고 자녀는 25남 9녀나 되었답니다. 태조 왕건이 부인들과 있는 그림이에요. 아래 그림에서 달라진 6곳을 찾아 동그라미 해보세요.

044 짝 없는 하나 찾기

고려는 다양한 음악이 발전한 시기였어요. 아래 그림에 같은 연주자들이 두 명씩 있어요. 이 중에 짝이 없는 한 명의 연주자를 찾아주세요.

045 다른 그림 찾기

고려 시대에는 호화로운 예술 문화가 발달했어요. 독특한 무늬의 청자도 발달했는데요, 아래에서 무늬가 조금 다른 청자 하나를 찾아주세요.

046 같은 그림 찾기

후고구려의 처음이자 마지막 왕이었던 궁예는 자신이 세상을 구원할 미륵불이고 다른 사람의 마음을 읽는 관심법을 쓸 수 있다고 선전했습니다. 말년으로 갈수록 도가 지나쳐 처자식을 비롯해 주변의 무고한 신하와 백성을 죽이는 폭정이 심해집니다. 결국 궁예의 부하들은 왕건을 왕으로 추대하였고, 왕건은 새 나라 고려의 첫 왕이 되었지요. <보기>와 같은 그림을 찾아주세요.

정답 : ____________________

<보기>

①

②

③

④

⑤

047 한 선으로 잇기

손을 떼지 않고 한 번에 선을 연결해 주세요. 선은 한 번만 지나갈 수 있지만 점은 한 번 이상 지나갈 수 있습니다.

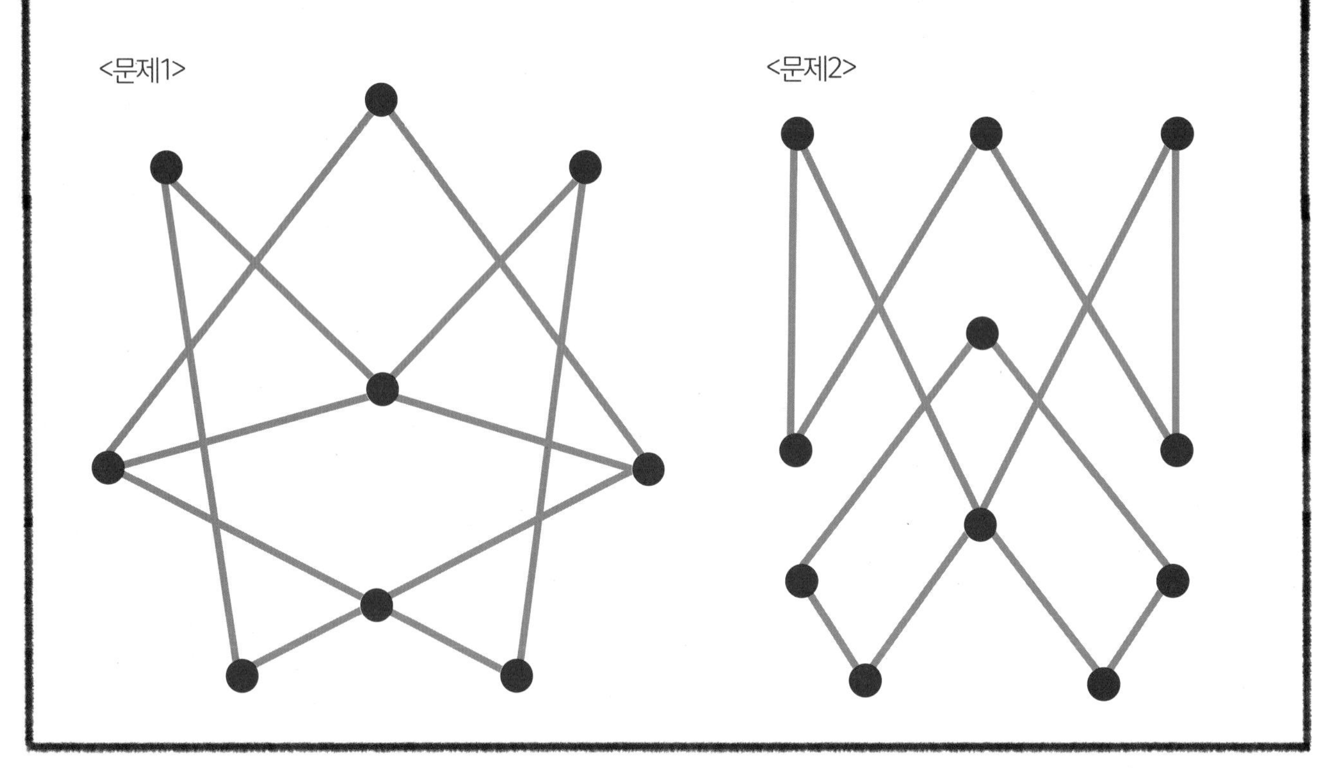

048 스도쿠

가로, 세로, 굵은 선 안에 1에서 9까지의 숫자가 반복되지 않게 숫자 퍼즐을 완성하세요.

		9					3	4
		2	4				5	6
6	4	8	5	9				
	2	3				4	8	5
		6		4			1	2
			1					9
				8				
2	6			5			9	8
4	8			6			2	3

049 숫자 맞추기 퍼즐

숫자판에 적힌 식을 보고 ①, ②, ③, ④, ⑤번에 들어갈 알맞은 값을 차례대로 구해보세요.

①	x	4	=	②
÷		÷		÷
7	x	③	=	④
=		=		=
3	x	4	=	⑤

정답 : ① - ② - ③ - ④ - ⑤ -

050 숫자 연결하기

1부터 시작해서 각 문제에 제시된 끝 수까지 선으로 연결하며 숫자를 채워주세요.
선은 근접한 위아래, 좌우, 대각선으로 연결할 수 있어요.

<문제1> 끝 수 : 21

10	○			
○	1	8	7	
○	12	4	○	○
○	○	○	14	○
○	○	○	○	16

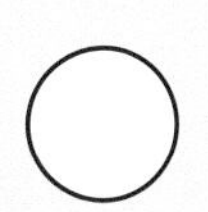
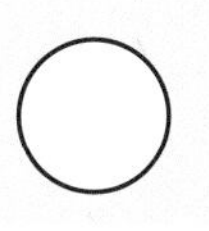
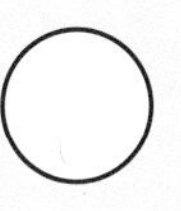

<문제2> 끝 수 : 20

○	20	○	○	17
10	○	○	○	○
○	8	○	○	1
	○	5	○	
	○	○		

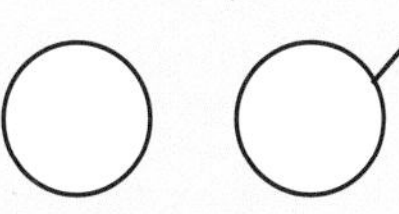

고려를 향한 일편단심
정몽주

고려 후기에는 왜구, 홍건적과 같은 다른 나라 도적들의 침략이 많았습니다. 또한 권력을 가진 귀족들의 횡포가 도를 넘어 백성들의 삶은 너무나 힘들어집니다. 이때 정몽주는 도탄에 빠진 백성들을 위해 학문을 바로 세우고 왜구에 잡혀간 수백 명의 백성들을 구해내어 무너져가는 고려의 희망이 되죠. 한편 망해가는 고려를 버리고 새로운 나라를 세우려는 신진 세력들이 나타나기 시작했습니다. 신진 세력들은 백성들의 신망이 두터운 정몽주를 회유하려 했지만 그는 끝까지 고려를 지키려 했고 결국 그들에게 죽임을 당하게 됩니다.

051 왼쪽 그림과 달라진 곳 찾기

왼쪽 그림과 달라진 곳이 6군데 있어요. 달라진 곳을 찾아 동그라미 해보세요.

토막상식 조선을 건국한 이성계와 정몽주는 원래 뜻을 함께하는 동지였습니다. 왜구를 물리치는 전투를 함께하기도 했고, 이성계의 아들 이방원은 정몽주의 제자이기도 했습니다. 그러나 고려를 지키려는 정몽주와 새로운 나라를 세우려는 이성계는 끝까지 뜻을 함께할 수는 없었습니다.

052 달라진 곳 찾기

정몽주는 이성계가 다쳤다는 소식을 듣고 병문안을 핑계로 그의 집에 찾아갑니다. 이때 이방원은 '하여가'라는 시조를 통해 정몽주의 속마음을 떠보지만, 정몽주는 '단심가'라는 시조로 고려에 대한 일편단심을 표현합니다. 아래 그림에서 달라진 6곳을 찾아 동그라미 해보세요.

053 숨은 글자 찾기

같은 듯 다른 글자들이 섞여 있어요. '일편단심'이라는 글자를 10개 찾아보세요.

※ 일편단심(一片丹心):한 조각의 붉은 마음이라는 뜻으로, 진심에서 우러나오는 변치 않는 마음을 뜻합니다.

인편단실일편단싱인편달신일편단식일편담신익편단심일편달신일
편단심일변단심일편만심일펀단심일편난심인변단심일편단짐열
편단십일펌단심인편단실일편단싱인편달신일편단식일편담신익편
단심일편달신일편단식일변단심일편단심일펀단심일편난심인변단
심일편단짐열편단십일펌단심인편단실일편단싱인편달신일편단식
일편단심익편단심일편달신일편단식일변단심일편만심일펀단심일
편난심인변단심일편단짐열편단십일펌단심인편단실일편단싱인편
달신일편단식일편담신익편단심일편달신일편단식일변단심일편단
심펀단심일편난심인변단심일편단심열편단십일펌단심인편단실일
편단싱인편달신일편단식일편담신익편단심일편달신일편단식일편
단심일편만심일펀단심일편난심인변단심일편단짐열편단십일펌단
심인편단실일편단싱인편달신일편단식일편담신익편단심일편단심
일편단식일변단심일편만심일펀단심일편난심인변단심일편단짐열
편단십일펌단심인편단실일편단싱인편달신일편단식일편담신익편
단심일편달신일편단식일변단심일편만심일펀단심일편난심인변단
심일편단짐열편단십일펌단심인편단실일편단싱인편달신일편단식
일편담신익편단심일편단심일편단식일변단심일편만심일펀단심
일편난심인변단심일편단짐열편단십일펌단심인편단실일편단싱
인편달신일편단식일편담신익편단심일편달신일편단식일편단심
일편단심일펀단심일편난심인변단심일편단짐열편단십일펌단심
일평단신일변단실인병단실일편단삼일편단신힐편단심일편단진
일편단식일편담신익편단심일편난심인편단실일편단싱일편만심

토막상식 하여가(이방원이 정몽주에게 보낸 시)

이런들 어떠하리 저런들 어떠하리
만수산 드렁칡이 얽혀진들 어떠하리
우리도 이같이 얽혀 백 년까지 누리리라

단심가(정몽주의 답시)

이 몸이 죽고 죽어 일백 번 고쳐 죽어
백골이 진토되어 넋이라도 있고 없고
님 향한 일편단심이야 가실 줄이 있으랴

054 다른 그림 찾기

정몽주가 암살당한 곳은 선죽교라 불리는 다리입니다. 이 다리의 원래 이름은 선지교였지만, 정몽주가 죽은 후 그 자리에 붉은 대나무가 자라났다 해서 '선죽교'로 불리게 됩니다. 개성에 있는 다리로 북한의 국보 문화유물입니다. 대나무 중에 조금 다른 하나를 골라주세요.

정답 : ____________________

① ② ③ ④

055 달라진 곳 찾기

포은 정몽주의 묘는 경기도 용인시 능곡로(능원리)에 있어요. 1392년 순절한 뒤 풍덕군에 묘를 썼으나, 이후 고향인 경북 영천으로 묘를 옮기기로 합니다. 그런데 이장하던 중 그 행렬이 용인시에 이르렀을 때 앞의 명정(銘旌)이 바람에 날아가 지금의 묘소 위치에 떨어져 이곳에 안장했다고 합니다. 오른쪽 사진에서 달라진 5곳을 찾아 동그라미 해보세요.

※ 명정 : 장사 지낼 때 죽은 사람의 신분을 적은 깃발을 말합니다.

056 그림자 찾기

“이방원이 드디어 나를 없앨 모양이니 그만 가봐야겠구나!” 정몽주는 기울어 가는 고려와 자신의 운명을 생각하며 긴 한숨을 내쉬고 시종에게 말을 가져오게 했어요. 그러고는 말에 거꾸로 올라탑니다. 시종이 말에 거꾸로 올라타셨다고 말하자 정몽주는 이렇게 대답했어요. “알고 있다. 맑은 정신으로 죽을 수 없어 술을 마셨고, 어차피 죽을 거 죽이는 사람을 알 필요 없어 말을 거꾸로 탔느니라.” 말에 거꾸로 올라탄 정몽주의 그림자를 찾아주세요.

정답 : ____________________

<보기>

①

②

③

④

057 한 선으로 잇기

손을 떼지 않고 한 번에 선을 연결해 주세요. 선은 한 번만 지나갈 수 있지만 점은 한 번 이상 지나갈 수 있습니다.

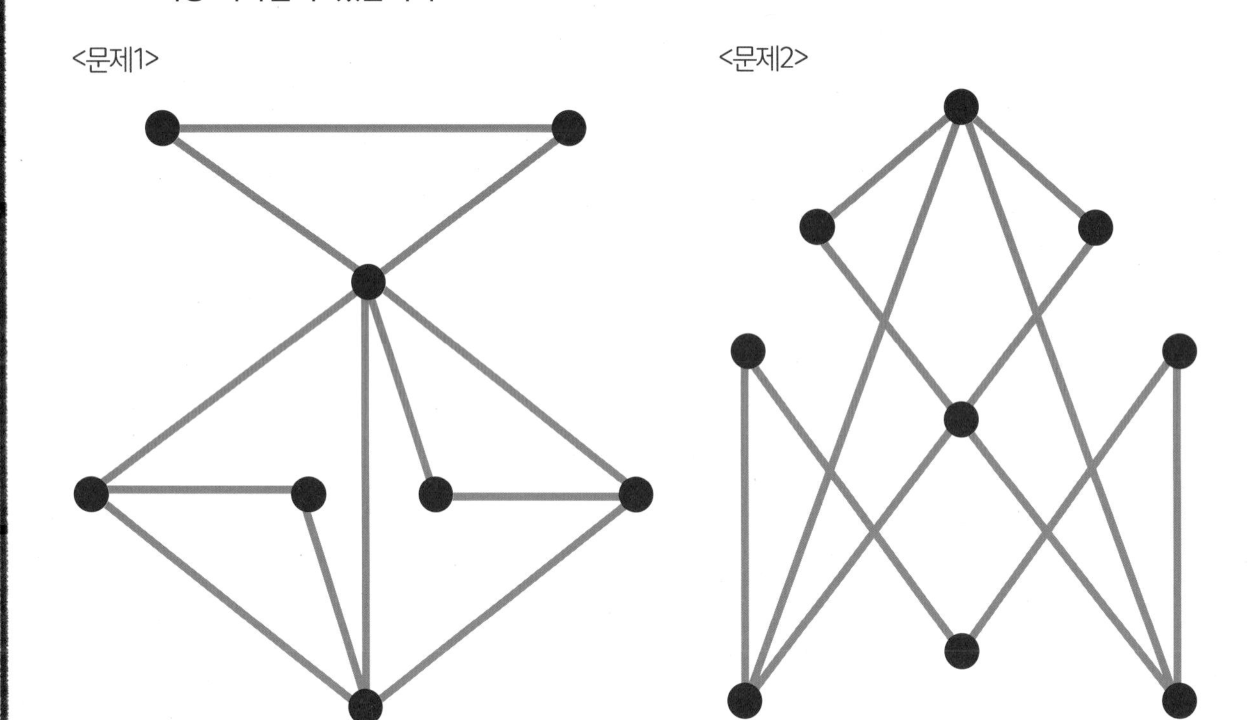

058 스도쿠

가로, 세로, 굵은 선 안에 1에서 9까지의 숫자가 반복되지 않게 숫자 퍼즐을 완성하세요.

		3		5		7	8	
		8	7				2	6
6	9		1					
	2	1	5			9		
		6		1	3		4	7
4			6		2	5		3
		4						
1			3	9			7	2
7	3			6			9	1

059 숫자 맞추기 퍼즐

숫자판에 적힌 식을 보고 빈칸에 들어갈 알맞은 값을 구해보세요. 단, 식의 계산은 기호 순서대로 해주세요.

5	x	①	+	②	=	19
+		+		x		-
③	÷	4	x	④	=	15
-		-		÷		+
9	+	1	÷	⑤	=	2
=		=		=		=
8	-	⑥	+	4	=	⑦

정답 : ① -　　② -　　③ -　　④ -　　⑤ -　　⑥ -　　⑦ -

060 숫자 연결하기

1부터 시작해서 각 문제에 제시된 끝 수까지 선으로 연결하며 숫자를 채워주세요.
선은 근접한 위아래, 좌우, 대각선으로 연결할 수 있어요.

<문제1> 끝 수 : 22

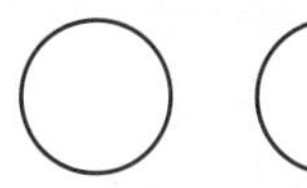

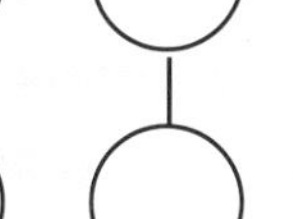

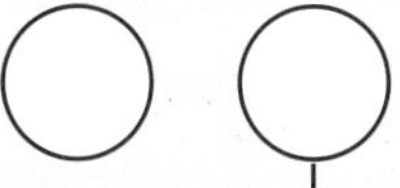

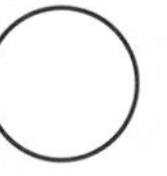
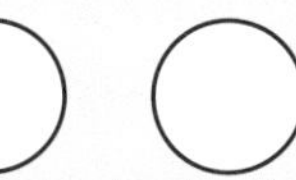
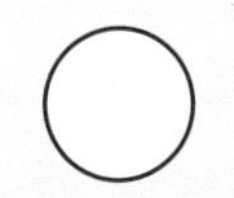
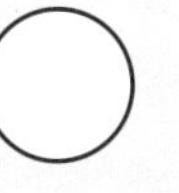

<문제2> 끝 수 : 21

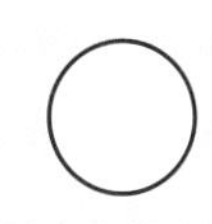

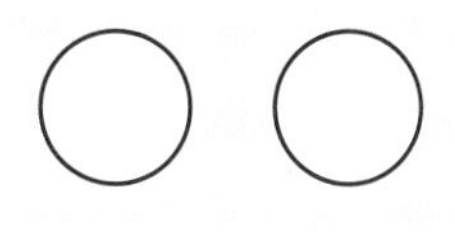

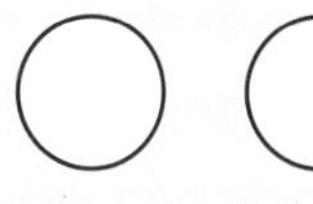
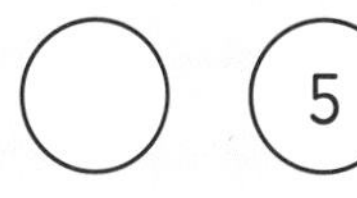
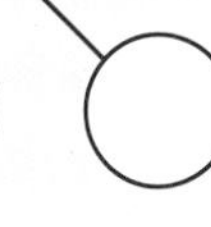

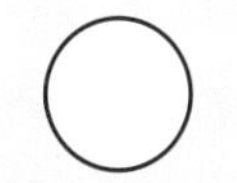
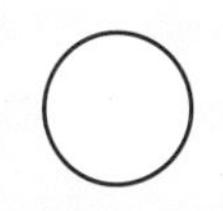

조선, 그 막을 올리다
이성계

이성계는 고려 말 나라를 침입한 왜구, 여진족, 홍건적 등을 물리치는 공적을 세워 위기에 빠진 고려를 구합니다. 그 후 고려 조정이 요동 지역을 정벌하려 할 때 이성계는 명나라와 싸우는 것을 반대했으나 결국 출정하게 됩니다. 그러나 이성계는 압록강 위화도에서 군대를 개경으로 돌려(회군) 권력을 장악하고 조선을 건국합니다. 이성계는 이렇게 정도전 등과 함께 조선 왕조 500년의 기반을 닦았으나 후계자 문제로 아들 이방원의 반란을 겪으며 불우한 말년을 보내게 됩니다.

※ 회군(回軍) : 군사를 되돌리는 것을 말합니다.

061 왼쪽 그림과 달라진 곳 찾기

왼쪽 그림과 달라진 곳이 6군데 있어요. 달라진 곳을 찾아 동그라미 해보세요.

토막상식 이성계는 조선의 왕으로 즉위한 후 자신의 이름을 이단(李旦)으로 바꾸었습니다. 옛날에는 왕의 이름을 귀하게 여겨 일상 생활에서 사용하지 못하게 하는 '피휘'라는 전통이 있었는데 이성계는 자신의 이름이 흔히 쓰이는 한자어임을 고려해 자주 쓰지 않는 한자로 바꾼 것입니다.

062 그림자 찾기

이성계는 어렸을 때부터 활 솜씨가 좋기로 유명했다고 해요. 심지어 까마귀 다섯 마리를 한꺼번에 명중시켰다는 이야기도 있습니다. 활을 쏘는 이성계의 그림자를 찾아주세요.

정답 : ____________________

토막상식 고구려에 주몽이 있었다면 고려에는 신궁 이성계가 있었습니다. 남원시 운봉면에는 이성계의 명성이 높아지고 왜구 토벌의 전기가 된 황산대첩을 기념하는 황산대첩비가 있습니다. 이성계는 이 전투에서 신들린 활 솜씨로 왜구를 물리쳐 위기의 고려를 구합니다.

①

②

③

④

063 미로 찾기

이성계는 무학 대사의 도움으로 한양에 도읍을 정하고 궁궐을 지었어요. 그리고 정도전의 건의로 '새 왕조가 큰 복을 누려 번영할 것'이라는 의미를 담아 궁궐 이름을 경복궁이라 지었답니다. 경복궁 미로의 길을 찾아주세요.

토막상식 이성계는 왕이 되기 위해 반란을 일으킨 다섯째 아들 이방원의 행동에 분노하여 고향인 함흥으로 떠납니다. 이방원은 이성계를 다시 한양으로 불러오기 위해 사람들을 보내지만 함흥으로 간 사람 중 돌아온 사람은 없었습니다. 이 일화에 빗대어 심부름을 간 사람이 소식이 없는 것을 '함흥차사'라고 합니다.

064 연관 단어 찾기

태조 이성계는 새 나라의 이름을 조선이라 하고, 수도는 한양으로 정했습니다. 왕이 머물 첫 궁궐을 지었는데, "오래도록 큰 복을 누리라"는 뜻으로 경복궁이라 이름을 붙였어요. 궁궐을 짓고 나서 한양 둘레에 튼튼한 성도 쌓고 동서남북으로 흥인문, 돈의문, 숭례문, 숙청문을 만들었어요. 이성계는 유교의 가르침을 정치와 교육의 바탕으로 삼아 국가를 이끌었습니다. <보기>의 단어들을 찾아보세요. 글자는 가로, 세로, 대각선으로 그리고 똑바로, 거꾸로도 나열되어 있어요.

조	선	주	영	고	진	감	한	수	고
재	소	사	성	이	경	준	양	엄	정
나	효	조	반	전	성	개	임	신	곰
마	방	단	태	대	한	계	김	숙	종
이	교	유	공	찬	창	구	박	조	궁
굴	북	래	비	대	독	매	애	리	복
재	슨	나	농	도	갈	기	사	신	경

<예시>

태조

<보기>

이성계
유교
조선
한양
경복궁

065 달라진 곳 찾기

사진은 경복궁 근정전의 멋스러운 단청이에요. 두 장의 사진에서 달라진 5곳을 찾아 동그라미 해보세요.

066 같은 그림 찾기

전주 한옥마을 입구에는 태조 이성계의 어진을 모신 사당인 '경기전'이 있습니다. 어진은 왕의 초상화를 말합니다. 지금의 어진은 고종 9년(1872년)에 기존의 어진을 보고 모사한 것입니다. 기존의 것이 오래되어 낡다 보니 똑같이 그려 어진을 교체하고 옛날 초상화는 물에 씻어 북쪽에 묻었다고 합니다. <보기>와 같은 그림을 찾아주세요.

정답 : ____________________

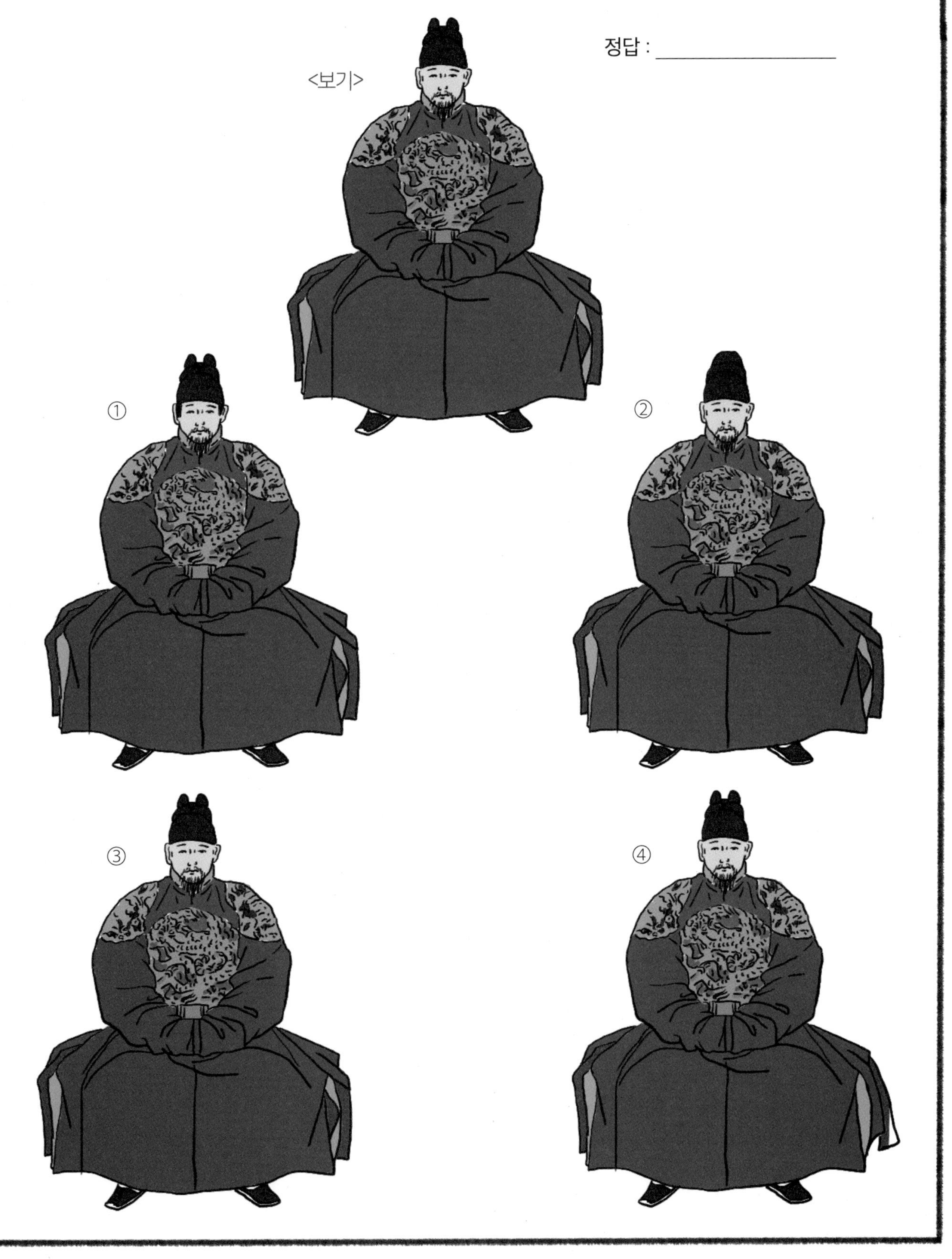

067 숫자 연결하기

1부터 시작해서 45까지 연결하며 숫자를 채워주세요. 선은 근접한 위아래, 좌우, 대각선으로 연결할 수 있어요.

068 규칙 찾기

동그라미 안에 숫자들은 어떤 규칙에 따라 적혀 있어요. 규칙을 찾아 빈 곳에 들어갈 숫자를 적어 주세요.

정답 : ① - ② -

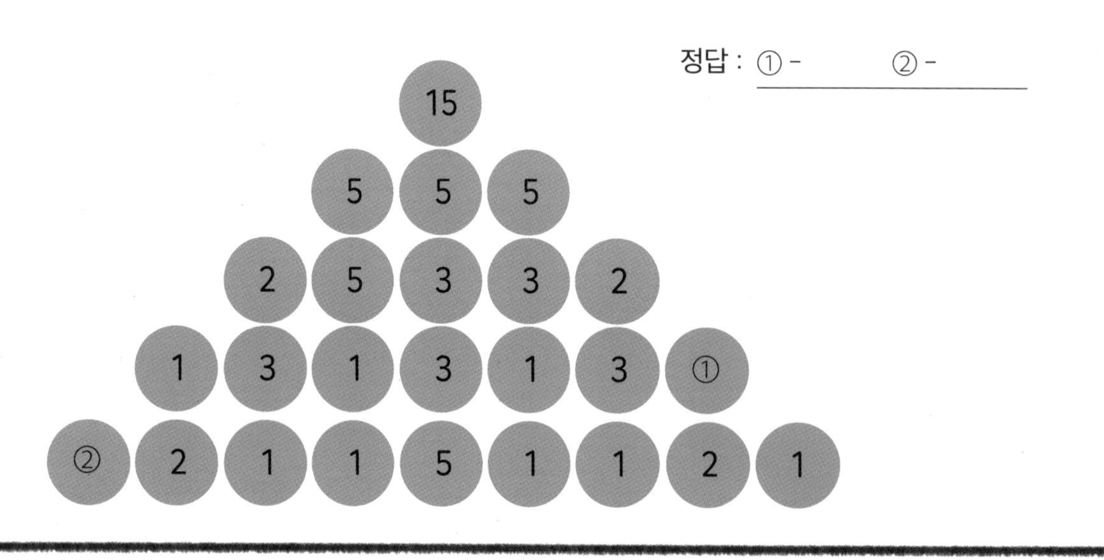

069 숫자 추리

<보기>의 숫자들을 찾아보세요. 숫자는 가로, 세로, 대각선으로 그리고 똑바로, 거꾸로도 나열되어 있어요.

1	2	5	6	9	4	1	6	5	7
1	4	7	2	6	3	9	7	8	8
8	0	3	0	1	4	4	8	9	1
7	3	3	7	0	7	6	7	5	3
3	2	0	2	5	1	3	3	4	1
6	1	1	7	2	5	9	4	2	2
2	8	4	3	5	8	5	7	5	4
1	4	6	9	0	5	4	8	1	3
5	4	0	2	1	9	8	3	2	0

<예시>

8734

<보기>

4726
5744
1309
3576
9402
3543

070 스도쿠

가로, 세로, 굵은 선 안에 1에서 9까지의 숫자가 반복되지 않게 숫자 퍼즐을 완성하세요.

		3		5		7	9	
		7	3				1	5
	5		7					
	3	8	5					
				8	1		6	2
2			4		3	8		1
6			2		5		8	7
7	1			9			2	

백성을 사랑한 임금
세종

어린 시절부터 영민했던 세종은 셋째 아들임에도 불구하고 왕의 자리에 오릅니다. 왕이 된 세종은 우리 풍토에 맞는 농사 책을 만들어 보급하여 농업 생산량을 늘리고, 과학자 장영실 등을 중용하여 과학 기술의 발전에도 기여합니다. 또한 당시 우리말을 기록할 글자가 없어 백성들이 자신의 의사를 글로 표현하지 못하는 것에 안타까움을 느낀 세종은, 신하들의 반대를 물리치고 백성을 가르치는 바른 소리라는 뜻의 자랑스러운 우리의 글자 '훈민정음'을 만듭니다.

071 왼쪽 그림과 달라진 곳 찾기

왼쪽 그림과 달라진 곳이 6군데 있어요. 달라진 곳을 찾아 동그라미 해보세요.

토막상식 훈민정음을 만든 세종의 업적을 기리는 의미에서 유네스코는 문맹 퇴치에 큰 역할을 한 사람이나 단체에게 '세종대왕 문해상'을 시상하고 있습니다. 또한 1965년부터 세종대왕 탄신일인 5월 15일을 스승의 날로 기념하고 있습니다.

072 그림자 찾기

세종대왕은 과학에도 관심이 많았어요. 농사를 잘 지으려면 해와 달, 별의 움직임을 제대로 관찰하고 기록해야 했기에 세종대왕은 장영실을 통해 천체관측기구인 '혼천의'를 만들었습니다. 만 원 지폐의 뒷면을 보면 '혼천의'가 그려져 있지요. '혼천의'의 그림자를 찾아주세요.

정답 : ____________

토막상식 1441년(세종 23년) 5월 19일 장영실이 측우기를 발명한 것을 기리기 위해 1957년부터 매년 5월 19일을 발명의 날로 기념하고 있습니다.

①

②

③

④

073 같은 그림 찾기

해시계인 '앙부일구'와 물시계인 '자격루'는 모두 세종시대에 만들어집니다. 시간을 정확하게 측정하는 것을 중요하게 생각한 세종대왕이 있었기에 가능했지요. '앙부일구'는 계절에 따라 바뀌는 해의 위치와 움직임까지 적용한 정교한 시계입니다. <보기>와 같은 그림을 찾아주세요.

정답 : ____________

<보기>

①

②

③

④

⑤

074 돈 세기

우리나라 화폐에는 어떤 인물이 그려져 있을까요? 백 원에는 이순신 장군, 천 원에는 퇴계 이황, 오천 원에는 율곡 이이, 만 원에는 세종대왕, 오만 원에는 신사임당이 새겨져 있답니다. 아래에 있는 돈이 모두 얼마인지 세어 그 금액을 쓰세요.

정답 : ____________________

075 달라진 곳 찾기

'나라 말씀이 중국과 달라 서로 통하지 않으니'로 시작하는 <훈민정음> 혜례본에는 한문을 읽지 못하는 백성을 불쌍하게 여겨 우리 글자를 창제한다는 세종의 의지가 나타나 있어요. 왼쪽은 그 일부분이에요. 오른쪽 그림에서 달라진 부분 5곳을 찾아주세요.

076 미로 찾기

서울 종로구 광화문광장에 가면 세종대왕 동상을 볼 수 있습니다. 동상까지 가는 미로의 길을 찾아주세요.

토막상식 세종은 당시 관청 소속의 노비들에게 출산 후 100일의 휴가를 주었고, 출산한 노비의 남편까지도 한 달을 쉴 수 있도록 했습니다. 90일의 출산 휴가를 주는 오늘날보다 더 발전된 정책을 약 600년 전에 시행했던 것입니다.

077 숫자 연결하기

1부터 시작해서 40까지 선으로 연결하며 숫자를 채워주세요. 선은 근접한 위아래, 좌우, 대각선으로 연결할 수 있어요.

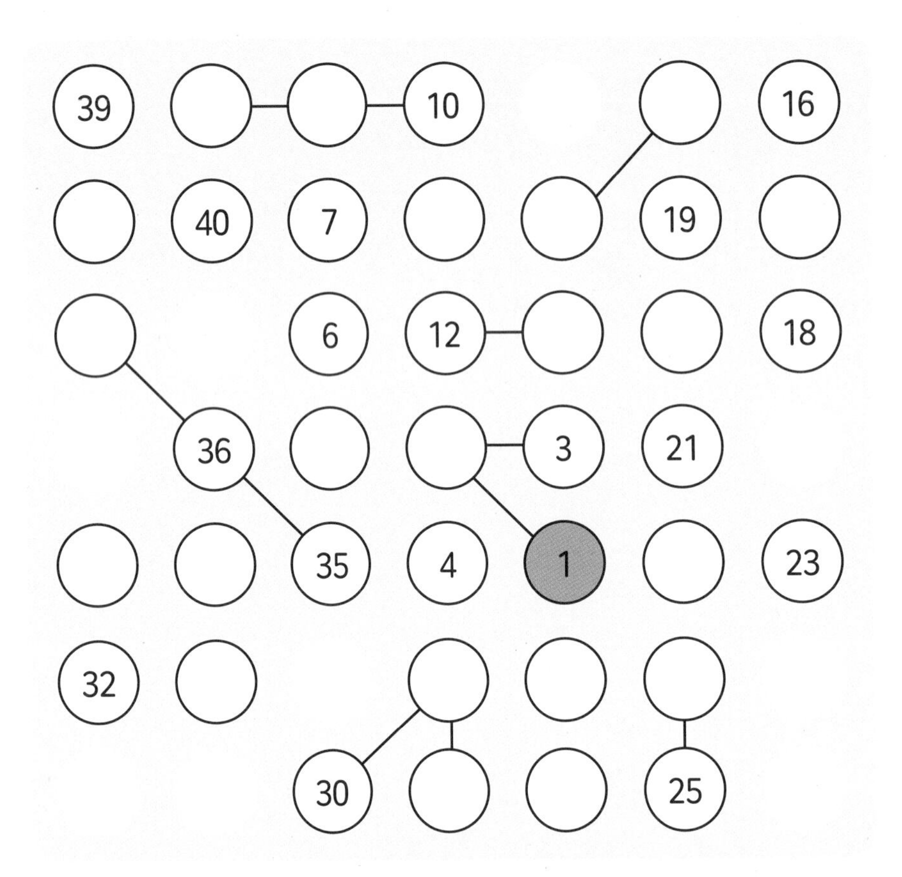

078 주사위 퍼즐

두 개씩 짝을 이룬 주사위들이 있어요. 주사위는 반드시 다른 주사위와 같은 숫자가 맞닿게 놓여야 해요. <보기>의 주사위를 빈칸에 알맞게 그려 넣어 보세요.

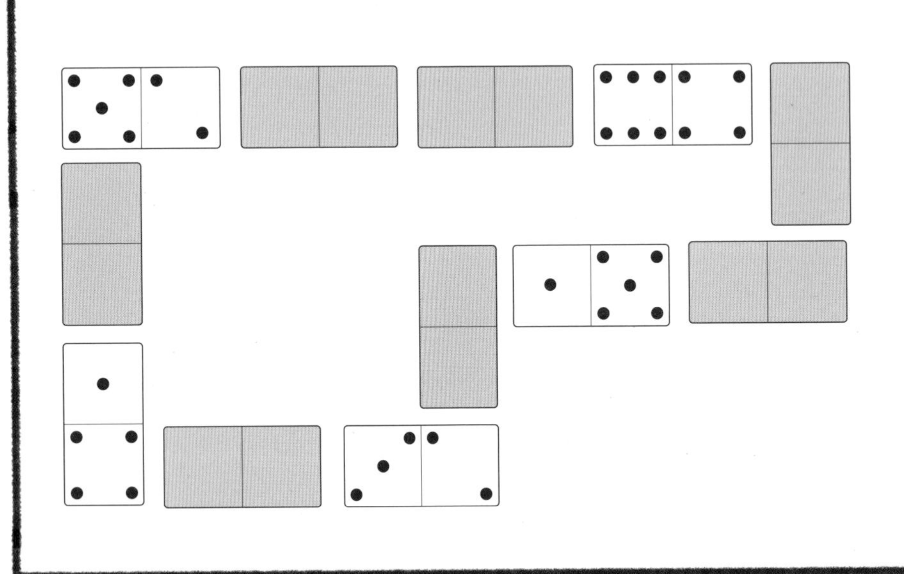

<보기>

079 숫자 추리

<보기>의 숫자들을 찾아보세요. 숫자는 가로, 세로, 대각선으로 그리고 똑바로, 거꾸로도 나열되어 있어요.

3	5	1	5	0	8	6	7	7	1
4	5	1	7	0	8	6	6	6	2
5	4	3	7	9	7	7	7	5	3
6	9	0	9	7	9	8	5	9	4
7	3	4	7	5	5	9	8	8	5
6	7	2	1	3	6	0	3	7	6
5	4	6	1	8	2	3	4	0	7
7	2	3	2	1	1	2	2	9	8
8	3	8	5	2	9	1	7	7	9

<예시>

7583

<보기>

7719
1597
3539
6680
2677
3384

080 스도쿠

가로, 세로, 굵은 선 안에 1에서 9까지의 숫자가 반복되지 않게 숫자 퍼즐을 완성하세요.

				5		7	8	
	6		2		9		3	5
	5		1			2		
							7	
	7	6		8			2	4
8			5		7	6		3
						8		
9		5	8		2		6	7
2	8			6			5	

엉뚱하고 재미있는 쉬는 시간♪

머리를 쉬는 기분으로 가볍게 풀어 보세요. (정답은 각자 알아서 ^^)

1 신라 문무왕은 자신이 죽으면 화장하여 동해에 뿌려 달라는 유언을 합니다. 죽어서도 동해의 이것이 되어 왜구를 물리치겠다는 뜻이지요. 문무왕이 죽어서 되려고 한 것은? (　　　　)

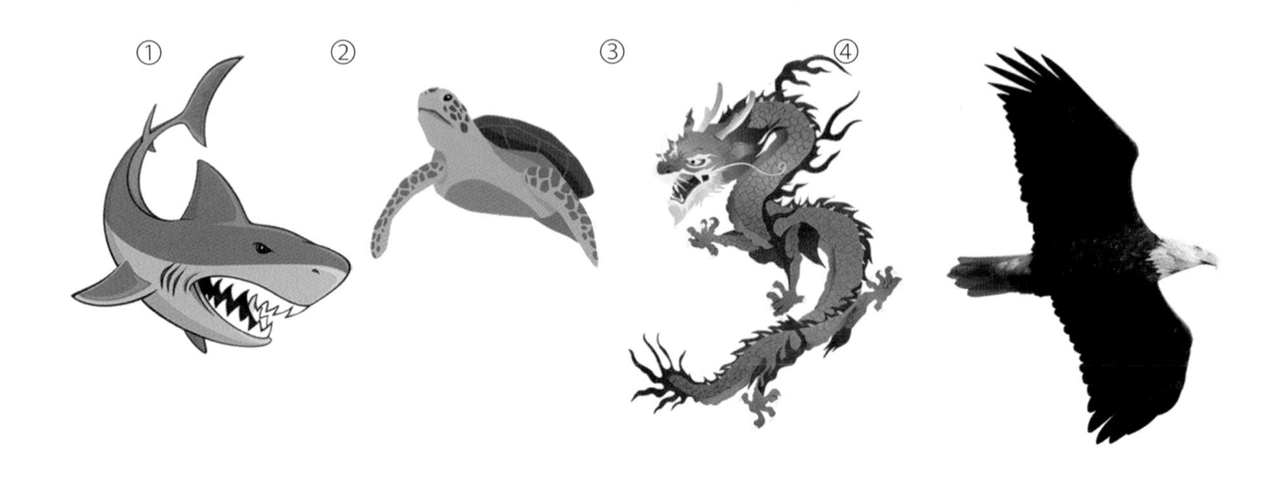

2 신라가 통일하는데 중요한 역할을 한, 가문과 학식이 뛰어난 청소년들을 무엇이라고 불렀을까? (　　　　)

① 아이돌　② 화랑　③ X-세대　④ 해양소년단

3 다음 중 고려 시대와 관련이 없는 것은? (　　　　)

① 왕건　② 고려청자　③ 방탄소년단　④ 불교

4 다음 중 정몽주가 읊은 시조의 제목은? (　　　　)

① 사랑가　② 애국가　③ 아리랑　④ 단심가

5 이성계가 다섯 마리의 까마귀를 한 번에 명중시켰다는 유명한 일화가 있는데요, 이때 이성계가 사용한 것은? (　　　　　)

① ② ③ ④

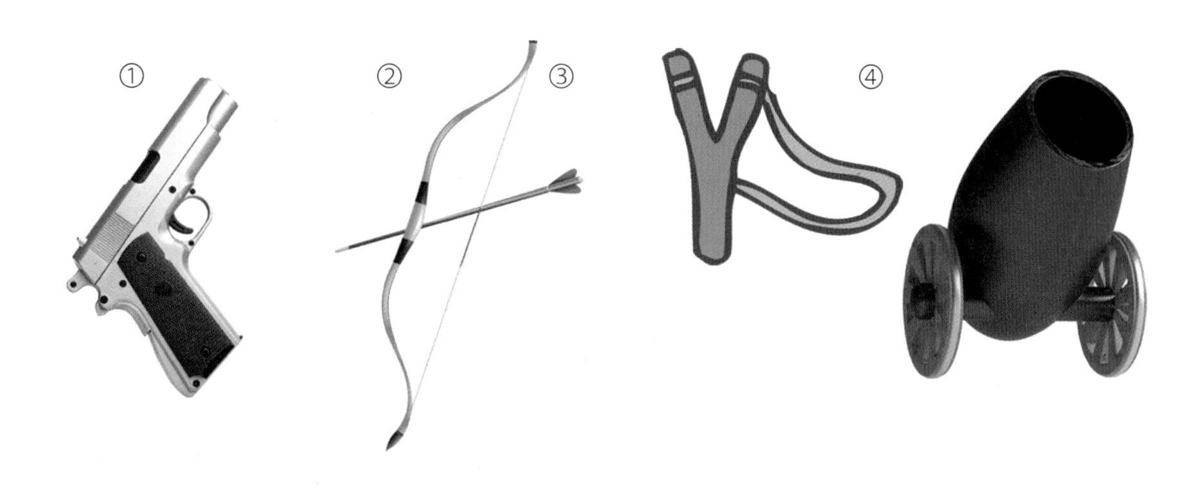

6 세종대왕께서 만드신 것은? (　　　　　)

①

②

③

④

거북선, 불을 뿜다
이순신

이순신은 32세에 무과 시험에 급제한 이후 여러 지역에서 근무하던 중 임진왜란이 일어나자 수군을 이끌고 일본군과 싸우게 됩니다. 임진왜란 중 조선이 최초로 승리한 옥포해전을 비롯해 한산도 대첩, 명량 대첩 등 이순신은 참여한 모든 해전을 승리로 이끕니다. 그 후 선조 임금의 시기를 받아 백의종군하게 되고 어머니를 잃는 고통을 겪지만 모든 것을 이겨내고 일본과의 전쟁에서 승리하여 위기에 빠진 조선을 구합니다. 그는 임진왜란 기간 동안 23전 23승이라는 불패의 신화로 나라를 구한 민족의 영웅입니다.

081 왼쪽 그림과 달라진 곳 찾기

왼쪽 그림과 달라진 곳이 6군데 있어요. 달라진 곳을 찾아 동그라미 해보세요.

토막상식 충무는 국가에 큰 공을 세운 군인이나 장군 등에게 내려졌던 시호로, 이를 높여 부를 때 충무공이라 합니다. 조선 시대 충무 시호를 받은 사람은 남이, 김시민을 비롯해 열 명 정도가 있지만 현재는 충무공 하면 일반적으로 이순신 장군을 가리키는 의미로 사용됩니다.

082 그림자 찾기

거북선은 임진왜란 당시 사용된 조선의 함선입니다. 당시 일본의 전술은 소형배를 빠르게 우리 함선에 붙인 후 병사들이 뛰어들어 백병전을 하는 것이었습니다. 이순신은 이에 대응하기 위해 기존의 함선에 지붕을 얹고 많은 대포를 설치하여 전투에서 우위에 설 수 있었습니다. 거북선의 그림자를 찾아주세요.

정답 : ____________

083 같은 그림 찾기

이순신 장군은 7년 동안 벌어진 임진왜란을 겪으며 보고 들은 사실을 일기로 기록했어요. '난중일기'가 그것입니다. 실시간 기록한 일기 속에는 당시의 전황은 물론, 주변과 사회 및 조정의 사건에 이르기까지 폭넓게 망라되어 있습니다. <보기>와 같은 그림을 찾아주세요.

정답 : ________________

토막상식 이순신은 임진왜란 중 쓴 자신의 일기를 묶어서 임진일기, 병신일기, 정유일기 등의 제목을 붙였습니다. 그 후 200여 년이 지난 정조 때 이순신 관련 글을 모아 편찬했는데 이때 편찬자들이 편의상 '난중일기'라 이름을 붙였답니다.

084 짝 없는 하나 찾기

이순신은 임진왜란을 승리로 이끌기 위해 '학익진'이라는 전략을 사용했어요. 우리 함선의 대형이 마치 학이 날개를 펼친 듯한 형태를 취하고 있다 하여 붙여진 이름이지요. 짝이 없는 한 마리의 학을 찾아주세요.

085 달라진 곳 찾기

경상남도 통영에 있는 거북선 모형이에요. 왼쪽 사진에서 달라진 5곳을 찾아주세요.

086 연산으로 길 찾기

거북선이 일본군을 쫓고 있어요. 출발선 숫자에 3씩 더해서 길찾기를 완성해 보세요.

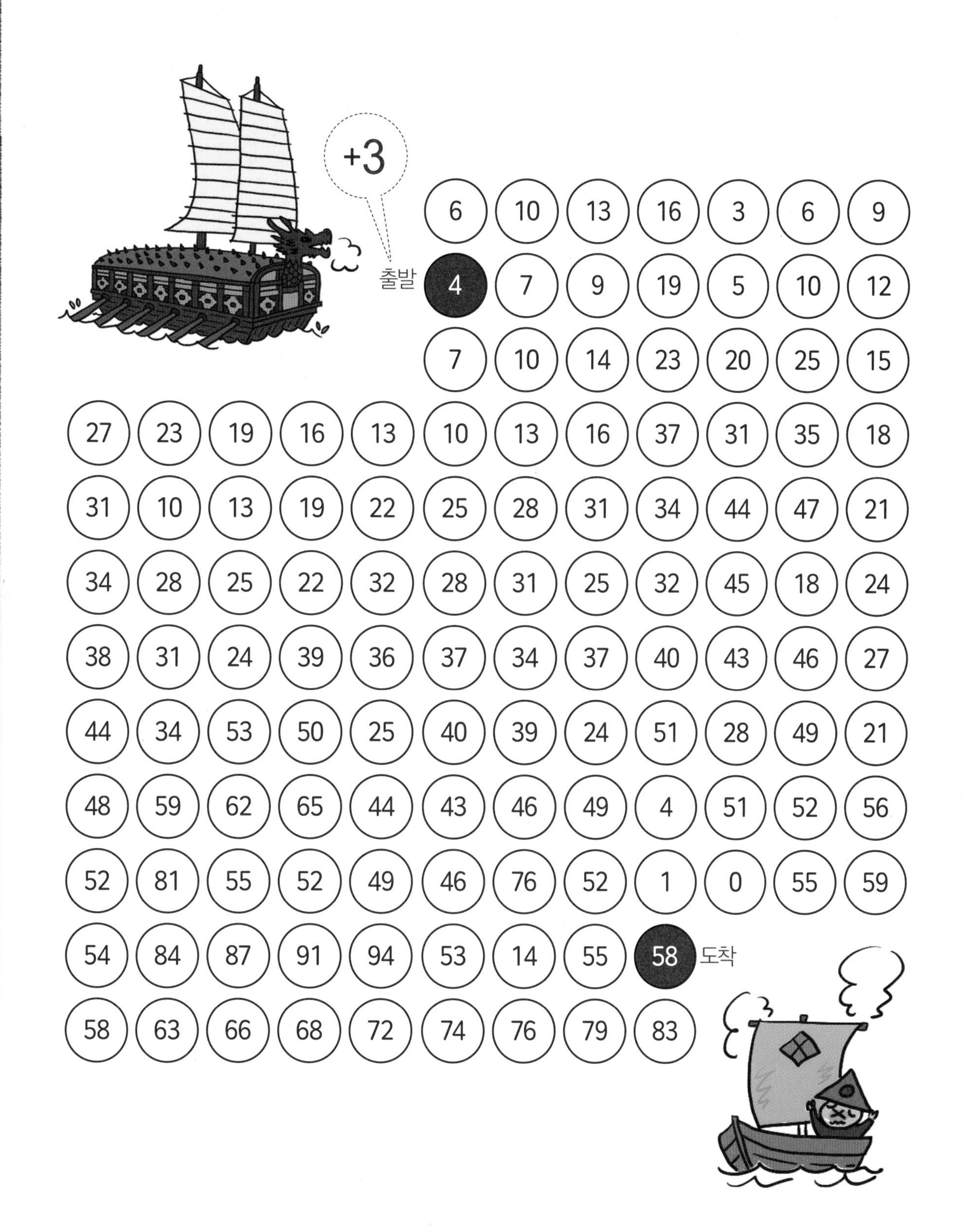

토막상식 이순신은 노량 앞바다에서 철수하는 일본군을 상대로 최후의 전투를 벌입니다. 그는 전투 중 일본군의 총탄에 맞아 쓰러지면서도 '싸움이 급하니 나의 죽음을 알리지 말라'라는 유언을 남기죠. 이순신 장군은 전사했지만 그 뜻을 받든 우리 수군은 대승을 거둡니다.

087 동그라미 다리 만들기

숫자는 동그라미와 동그라미를 잇는 다리의 개수예요. 다리는 두 개까지만 연결할 수 있고, 연결된 다리끼리 가로지르거나 대각선으로 이을 수 없어요. 주황색 동그라미는 다리가 완성된 곳입니다. 나머지 동그라미의 다리도 만들어 주세요.

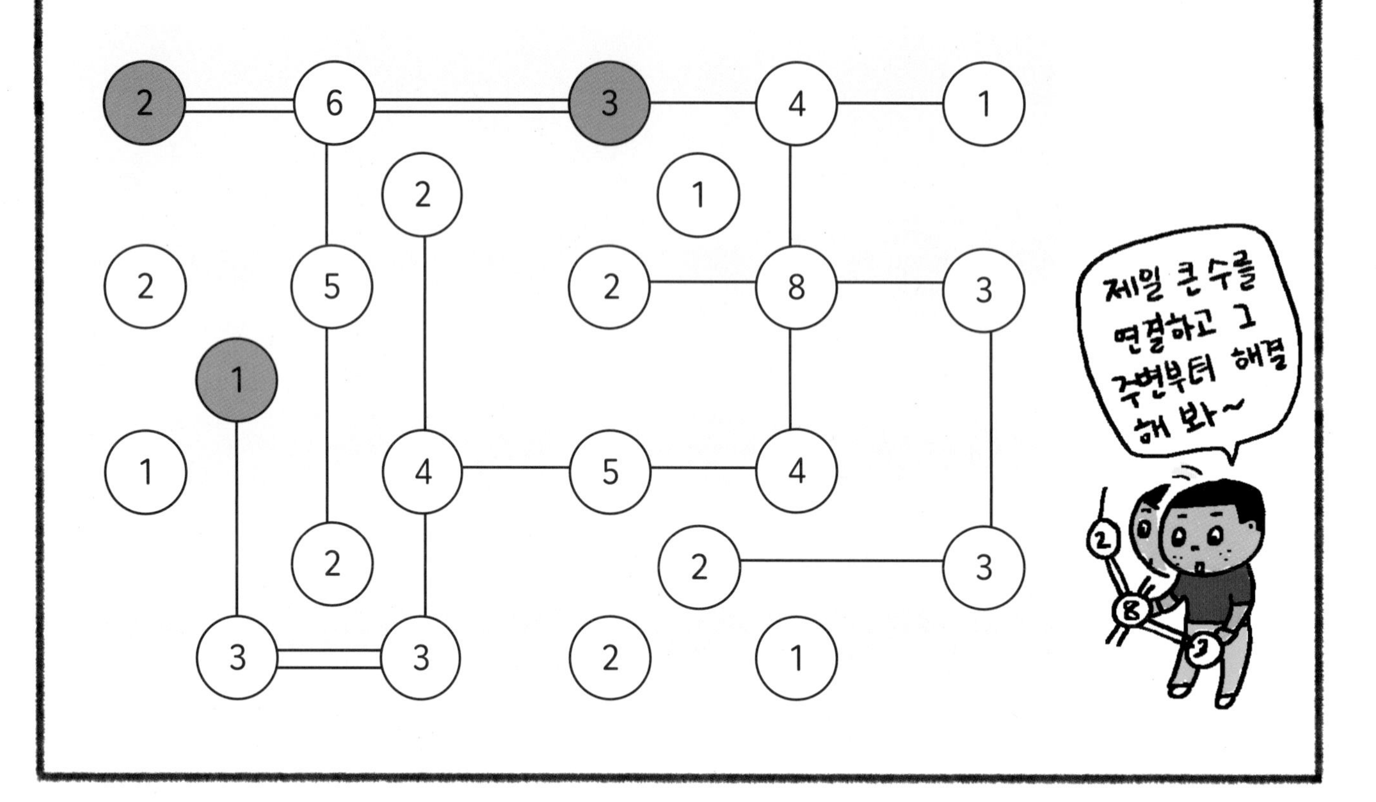

088 주사위 퍼즐

두 개씩 짝을 이룬 주사위들이 있어요. 주사위는 반드시 다른 주사위와 같은 숫자가 맞닿게 놓여야 해요. <보기>의 주사위를 빈칸에 알맞게 그려 넣어 보세요.

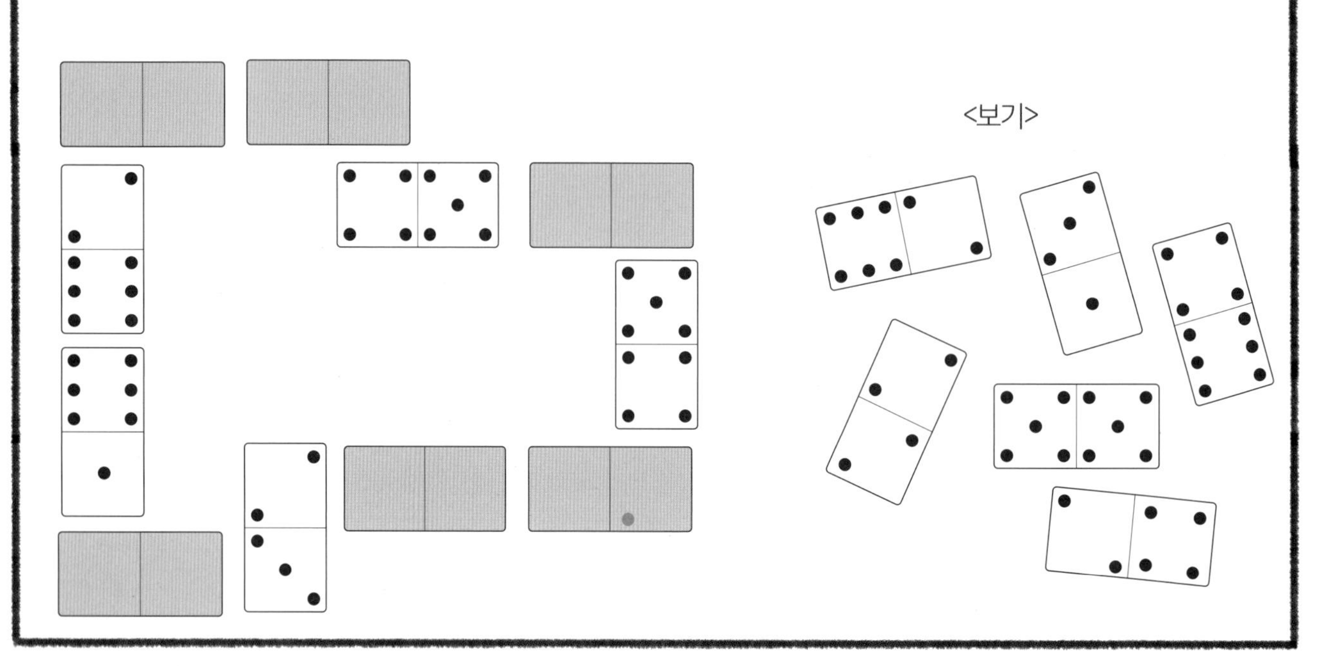

089 숫자 맞추기 퍼즐

가로와 세로의 문제를 풀어서 빈칸을 알맞은 숫자로 채워 넣으세요.

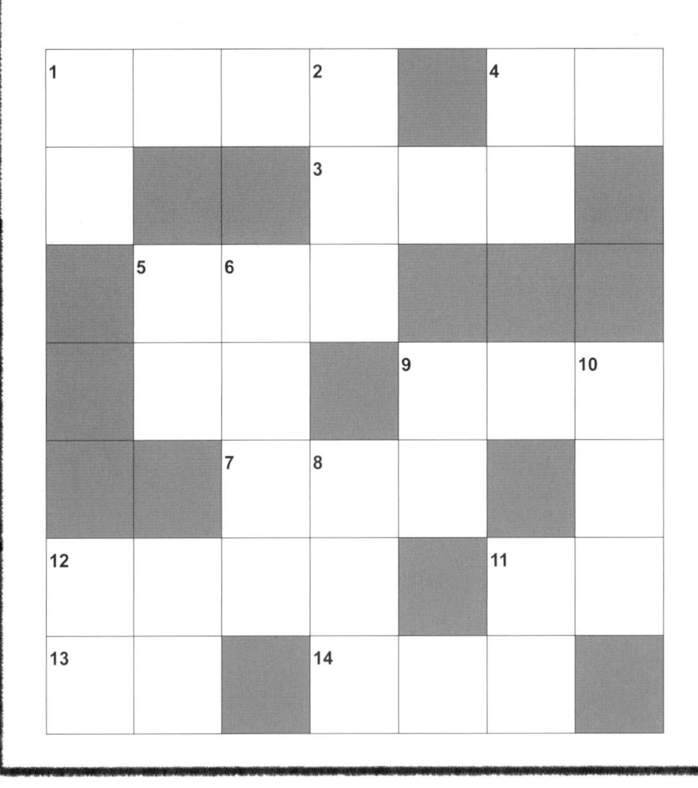

<가로>

1. 1523+3750
3. 3300÷11
4. 3X4
5. 443X2
7. 864-136
9. 2346÷3
11. 48÷6+32+8
12. 천사백이십팔
13. 100-88
14. 36X25+50

<세로>

1. 125-75
2. 56X6
4. 5+5
5. 9X9
6. 팔천오백칠십이
8. 233+56
9. 56+22
10. 62X4
11. 1400÷35
12. 22÷2

090 스도쿠

가로, 세로, 굵은 선 안에 1에서 9까지의 숫자가 반복되지 않게 숫자 퍼즐을 완성하세요.

				3		4	8	
	4	5	1		9		6	7
7	8		2			1		
2					6		7	
		7		9			2	6
9			7		3	5		4
		4	3			6		
8		3	6		5		4	2
1	7			4			5	

하얼빈의 총소리
안중근

황해도 해주에서 태어난 안중근은 가슴과 배에 일곱 개의 점이 있어 북두칠성의 기운에 응하여 태어났다는 뜻으로 어릴 때는 응칠로 불렸습니다. 그는 삼흥학교를 세우는 등 인재 양성에 힘썼으며, 일제의 침략으로 국권이 흔들리는 상황이 되자 연해주로 망명한 후 대한의군에 참여하여 참모중장직을 맡아 의병운동 활동을 합니다. 그리고 1909년 10월 26일 하얼빈 역에서 초대 한국통감 이토 히로부미를 암살한 후 러시아 헌병에게 체포되어 뤼순 형무소에서 교수형으로 순국합니다.

091 왼쪽 사진과 달라진 곳 찾기

왼쪽 사진과 달라진 곳이 6군데 있어요. 달라진 곳을 찾아 동그라미 해보세요.

토막상식 서울 중구(회현역)에 안중근 의사 기념관이 있습니다. 기존에 있던 기념관을 2010년 새롭게 단장하여 개관했답니다. 안중근 의사에 대한 많은 유물과 자료가 있고 주변에는 백범광장, 남산 케이블카도 있으니 꼭 다녀와 보세요.

092 달라진 곳 찾기

안중근은 도열한 러시아 의장대의 후방에 있다가, 이토 히로부미가 자신의 앞을 조금 지나쳤다 다시 돌아오는 순간 의장대 앞으로 뛰쳐나가며 권총을 발사했어요. 이때 이토 히로부미와의 거리는 불과 열 걸음 정도였습니다. 정확히 세 발이 명중했고, 이토 히로부미가 쓰러지자 안중근은 품속의 태극기를 꺼내 '꼬레아 우라(대한민국 만세)'를 외쳤습니다. 아래 그림에서 달라진 부분 5곳을 찾아 동그라미 해보세요.

093 같은 그림 찾기

안중근 의사의 기개를 나타내는 상징으로 손가락 혈서가 있습니다. 1909년 3월 안중근 의사는 독립운동을 함께하는 동료들과 독립운동에의 헌신을 다짐하며 '단지동맹'을 맺습니다. 태극기를 펼쳐놓고 왼손 무명지를 자른 뒤 선혈로 '대한독립'이라고 쓴 후 대한민국 만세를 세 번 외쳤다고 합니다. 아래 그림은 안중근 의사의 왼손을 표현한 그림입니다. <보기>와 같은 그림을 찾아주세요.

정답 : ____________________

<보기>

①

②

③

大韓國人

④

⑤

토막상식 안중근은 당시의 세계관을 뛰어넘는 의미 있는 많은 글을 남깁니다. 특히 사형 선고로 인해 끝내 완성하지 못한 '동양평화론'의 내용을 보면 한국, 중국, 일본의 공동은행 설립, 공동화폐 사용 등 오늘날의 유럽연합 모습과 유사한 제도를 주장했습니다.

094 연관 단어 찾기

안중근은 몸에 7개의 점이 있어 북두칠성의 기운으로 태어났다는 뜻으로 어릴 때는 응칠이라 불렸다고 해요. 또한 천주교를 믿는 집안에서 자란 안중근은 토마스(한자어로 도마)라는 세례명도 가지고 있답니다. 의사의 어머니인 조마리아 여사의 이야기도 유명한데 안중근 의사가 사형 선고를 받자 여사는 당당히 죽으라며 아들에게 수의를 지어 보냈다고 합니다. <보기>의 단어들을 찾아보세요. 글자는 가로, 세로, 대각선으로 그리고 똑바로, 거꾸로도 나열되어 있어요.

금	승	안	김	삼	오	차	두	성	조
안	중	구	교	진	상	북	남	교	통
근	다	지	마	홍	람	두	아	끼	정
강	코	호	강	도	늘	칠	범	토	리
봄	하	랑	박	곰	시	성	을	칠	부
천	주	교	수	우	보	정	샘	응	사
미	아	리	마	조	다	로	서	시	감

<예시>

안중근

<보기>

도마
응칠
천주교
조마리아
북두칠성

095 다른 하나 찾기

안중근 의사의 하얼빈 의거를 상징하는 총, M1900의 사진이에요.
5개의 총 중에 다른 하나를 찾아주세요.

정답 : ____________

096 달라진 곳 찾기

안중근 의사 기념관 자리는 일제강점기에 일본이 세운 조선신궁이 있던 자리입니다. 해방 후 철거한 뒤 남은 터에 1970년 기념관을 설립하였고, 이후 2010년 신관을 설립하여 새롭게 개장했습니다. 아래 사진에서 달라진 부분 6곳을 찾아 동그라미 해보세요.

097 동그라미 다리 만들기

숫자는 동그라미와 동그라미를 잇는 다리의 개수예요. 다리는 두 개까지만 연결할 수 있고, 연결된 다리끼리 가로지르거나, 대각선으로 이을 수 없어요. 주황색 동그라미는 다리가 완성된 곳입니다. 나머지 동그라미의 다리도 만들어 주세요.

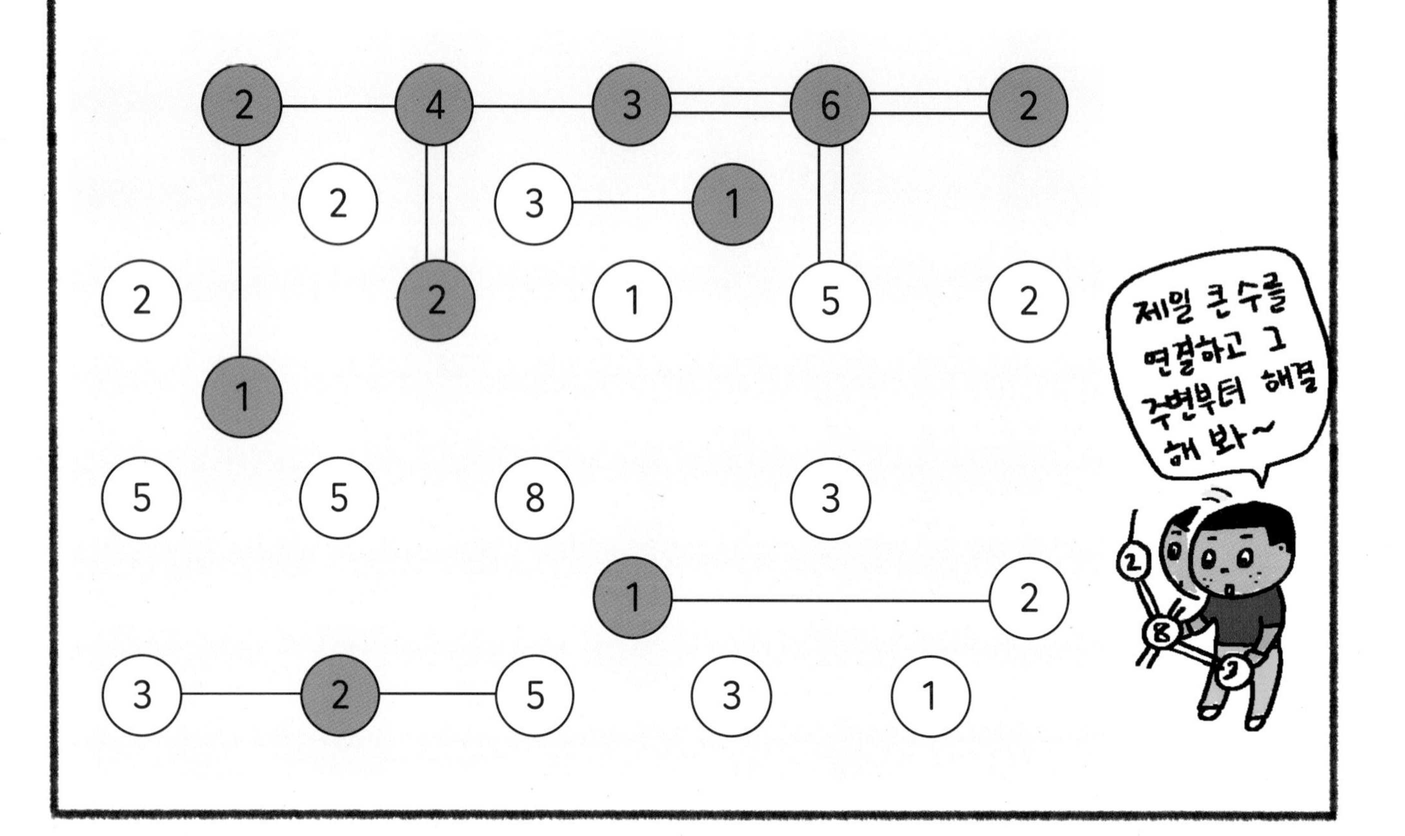

098 주사위 퍼즐

두 개씩 짝을 이룬 주사위들이 있어요. 주사위는 반드시 다른 주사위와 같은 숫자가 맞닿게 놓여야 해요. <보기>의 주사위를 빈칸에 알맞게 그려 넣어 보세요.

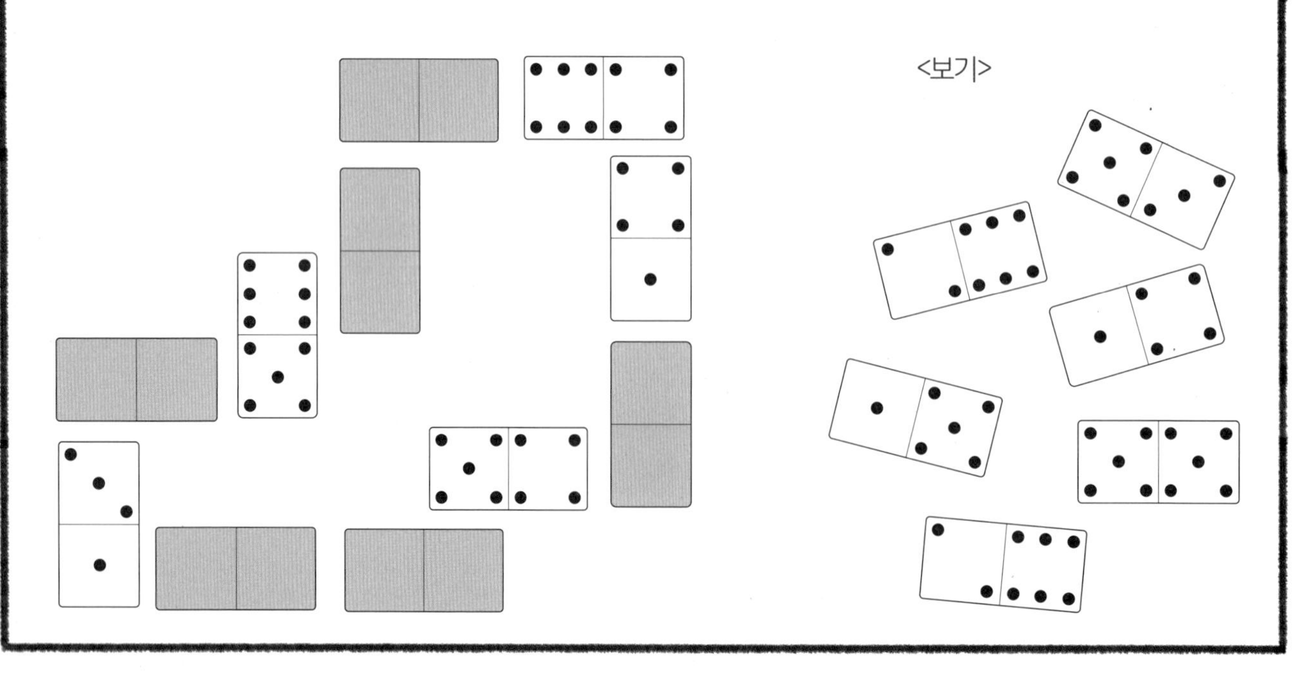

099 숫자 맞추기 퍼즐

가로와 세로의 문제를 풀어서 빈칸을 알맞은 숫자로 채워 넣으세요.

1				■	2	
	■	■	3			■
	4			■	■	6
■	5		■	7		
8		■	9		■	■
10		■	■	11		13
	■	■	12			

<가로>

1. 천사
2. 110-58
3. 890+81
4. 55X15
5. 444÷6
6. 706+55+40
7. 7X3
8. 8X9-2
9. 23+21
10. 652÷2
11. 오천팔십일

<세로>

1. 5X30
2. 120-69
3. 285÷3
4. 팔천칠백십사
6. 9X9-10
7. 팔천삼십
8. 60X4
13. 9X7-2

100 스도쿠

가로, 세로, 굵은 선 안에 1에서 9까지의 숫자가 반복되지 않게 숫자 퍼즐을 완성하세요.

8	1	3				5	9	
			8		1			3
	2		5			1		8
		4		2	5			9
	6	8		7				5
7					4	2		6
	4	1		6		9		2
5		2				8		
9	8		4	5			7	

대한 독립 만세!
3.1운동

1919년 3월 1일부터 수개월에 걸쳐 일본의 식민지 지배에 저항하여 전 민족이 일어난 항일독립운동으로 일제 강점기에 나타난 최대 규모의 민족운동입니다. 1918년을 즈음하여 일본의 식민통치가 점점 가혹해지는 가운데 민족의 운명은 그 민족 스스로 결정하자는 '민족자결주의'가 번져갔고 일본 유학생을 중심으로 한 2.8 독립선언이 일어나면서 독립의지가 더욱 커지게 됩니다. 이러한 열망을 담아 1919년 3월 1일 민족대표 33인이 작성한 독립선언서를 기초로 전국적인 독립만세운동이 일어납니다.

101 왼쪽 사진과 달라진 곳 찾기

왼쪽 사진과 달라진 곳이 5군데 있어요. 달라진 곳을 찾아 동그라미 해보세요.

토막상식 독립문은 1896년 독립협회가 민족의 자주 독립을 선언하기 위해 청나라 사신을 영접하던 영은문 자리에 세웠습니다. 이때 전 국민이 모금 운동에 참여하였지요. 형태는 프랑스 개선문을 본딴 건축 양식으로 서재필이 구상하였습니다.

102 그림자 찾기

3.1운동은 이후 대한민국 임시정부 설립의 계기가 됩니다. 3.1운동에서 일본으로부터 독립을 선언했으니 당연히 우리 민족의 정부가 필요해졌기 때문이죠. 현재 우리 헌법에도 대한민국은 3.1운동의 정신을 계승한다고 밝히고 있습니다. 만세하는 학생의 그림자를 찾아주세요.

정답 : ____________________

토막상식 3.1운동은 독립선언서에 서명한 민족대표 33인의 모임에서 시작되었지만 이들은 자진 체포되고 일반 민중이 중심이 되어 독립운동을 이끌어 갑니다. 이를 본 당시 지식인들은 일반 민중이 계몽시켜야 할 수동적 존재가 아닌 독립의 동반자임을 깨닫게 됩니다.

103 숨은 글자 찾기

1876년 강화도 조약을 시작으로 조선은 일본의 침탈을 겪게 됩니다. 급기야 1905년 을사늑약을 거쳐 1910년 8월 29일 경술국치로 인해 일본의 식민지로 전락합니다. 그러나 국내외의 끊임없는 독립운동으로 인해 마침내 1945년 8월 15일 조국의 광복을 맞이합니다. 같은 듯 다른 글자들이 섞여 있어요. '독립운동'이라는 글자를 10개 찾아보세요.

도 립 운 동 독 림 운 동 노 립 운 동 록 입 운 동 돈 림 운 동 독 립 우 동
독 립 운 동 독 림 운 동 목 립 운 동 녹 립 운 동 독 립 움 동 독 립 운 동
독 릭 운 동 독 립 운 동 독 립 운 몽 독 립 운 돈 독 립 옹 둥 도 리 운 동
모 리 요 요 옥 립 운 동 독 린 운 농 독 립 온 동 독 립 운 몽 독 립 운 돈
독 립 옹 둥 도 리 운 동 모 리 요 요 옥 립 운 동 독 립 운 동 도 립 운
동 독 림 운 동 노 립 운 동 록 입 운 동 돈 림 운 동 독 립 우 동 독 립 운
동 독 립 온 동 독 립 운 몽 독 립 운 돈 독 립 옹 둥 도 리 운 동 모 리 요
요 옥 립 운 동 독 린 운 농 도 립 운 동 독 림 운 동 노 립 운 동 록 입 운
동 돈 림 운 동 독 립 운 동 도 리 운 동 모 리 요 요 옥 립 운 동 독 립 운
동 독 립 온 동 독 립 운 몽 독 립 운 돈 독 립 옹 둥 도 리 운 동 모 리 요
요 옥 립 운 동 독 린 운 농 도 립 운 동 독 림 운 동 독 립 운 동 동 돈 림
운 동 독 립 우 동 독 립 운 돈 독 립 옹 둥 도 리 운 동 모 리 요 요 옥 립
운 동 독 린 운 농 도 립 운 동 독 림 운 동 노 립 운 동 록 입 운 동 돈 림
운 동 독 립 우 동 독 립 운 동 독 립 온 동 독 립 운 몽 독 립 운 돈 독 립
옹 둥 도 리 운 동 모 리 요 요 옥 립 운 동 독 린 운 농 도 립 운 동 독 립
운 동 노 립 운 동 독 립 운 동 돈 림 운 동 독 립 옹 둥 도 리 운 동 모 리
요 요 옥 립 운 동 독 린 운 농 독 립 온 동 독 립 운 몽 독 립 운 돈 독 립
옹 둥 도 리 운 동 독 립 옹 둥 도 리 운 동 모 리 요 요 옥 립 운 동 독 린
운 농 도 립 운 동 독 림 운 동 노 립 운 동 록 입 운 동 독 립 운 동 독 립
우 동 독 립 운 동 독 림 운 동 목 립 운 동 녹 립 운 동 독 립 움 동 도
리 우 도 독 릭 운 동 독 립 온 동 독 립 운 몽 독 립 운 돈 독 릴 운 동

토막상식 '대한 독립 만세!'는 일종의 상징처럼 굳어진 구호지만 사실 3.1운동 때는 '조선 독립 만세!'라는 구호가 많이 쓰였다고 합니다. 당시 사람들에게는 대한제국보다는 조선이라는 국호가 더 친숙했기 때문입니다.

104 달라진 곳 찾기

독립선언서를 인쇄하던 중, 종로경찰서 형사인 신철에게 발각당해 모든 것이 수포로 돌아갈 위기가 있었습니다. 그러나 민족 대표 최린이 신철을 찾아가 그 역시 조선 사람이라는 것을 상기시키며 며칠간만 비밀을 지켜달라고 사정하여 3.1운동이 무사히 이루어지게 됩니다. 아래 그림에서 달라진 부분 5곳을 찾아 동그라미 해보세요.

105 달라진 곳 찾기

평화의 소녀상의 정식 명칭은 '위안부 평화비'입니다. 2011년 11월 14일 일본대사관 앞에 처음 세워진 이후 전국 해외 각지에 건립됩니다. 소녀상은 단발머리에 한복 차림을 하고 두 손을 움켜쥔 채 의자에 앉은 소녀와 그 옆의 빈 의자로 되어 있습니다. 빈 의자는 소녀와 함께 위안부 문제를 되새기는 체험 공간을 위한 자리라고 합니다. 두 사진의 다른 부분을 오른쪽 사진에서 5곳 찾아 동그라미 해보세요.

106 다른 하나 찾기

무궁화는 법률로 정해지지는 않았지만 관습상 우리나라의 국화로 인정되고 있어요. 6개의 꽃 중에 다른 하나를 찾아주세요.

정답 : ____________________

107 동그라미 다리 만들기

숫자는 동그라미와 동그라미를 잇는 다리의 개수예요. 다리는 두 개까지만 연결할 수 있고, 연결된 다리끼리 가로지르거나, 대각선으로 이을 수 없어요. 주황색 동그라미는 다리가 완성된 곳입니다. 나머지 동그라미의 다리도 만들어 주세요.

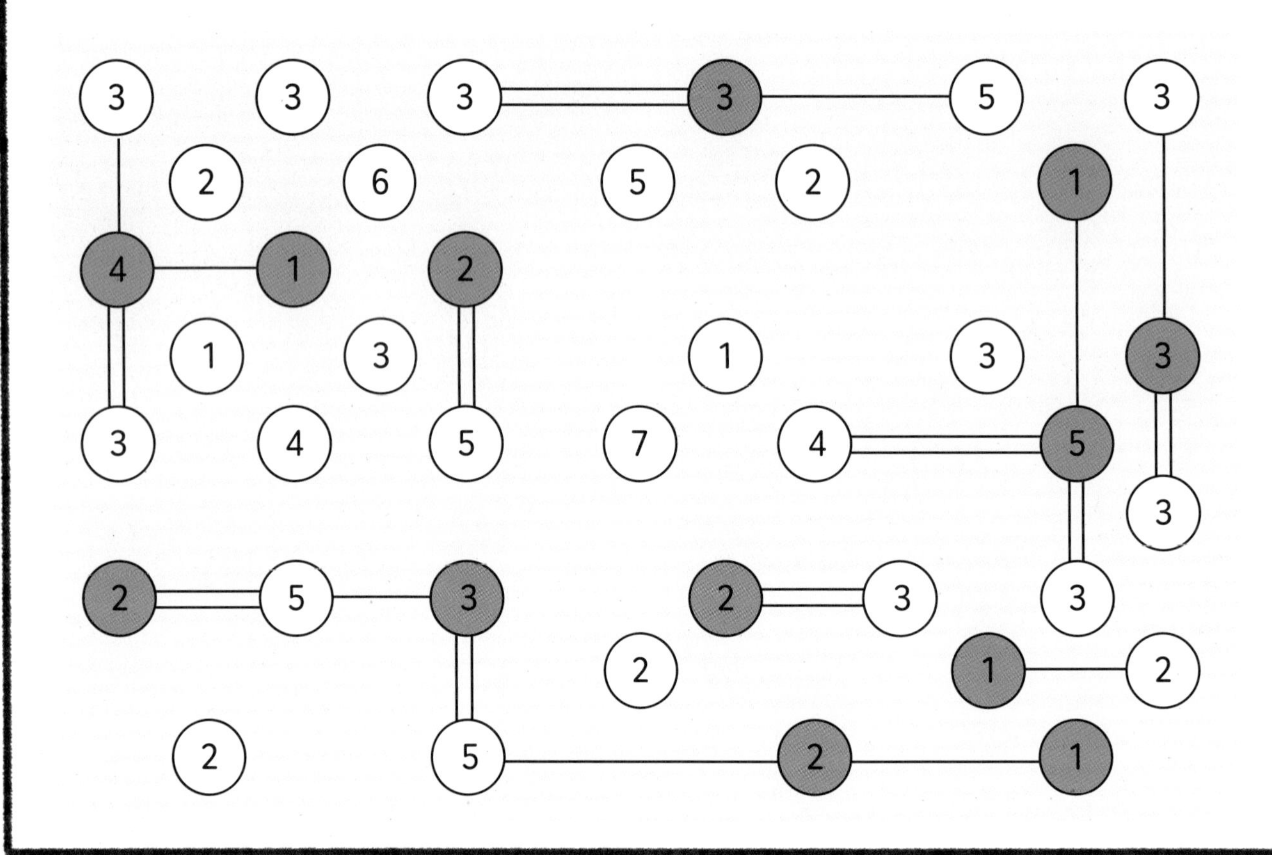

108 규칙 찾기

동그라미 안에 숫자들은 어떤 규칙에 따라 적혀 있어요. 규칙을 찾아 빈 곳에 들어갈 숫자를 적어 주세요.

정답 : ① -　　② -　　③ -

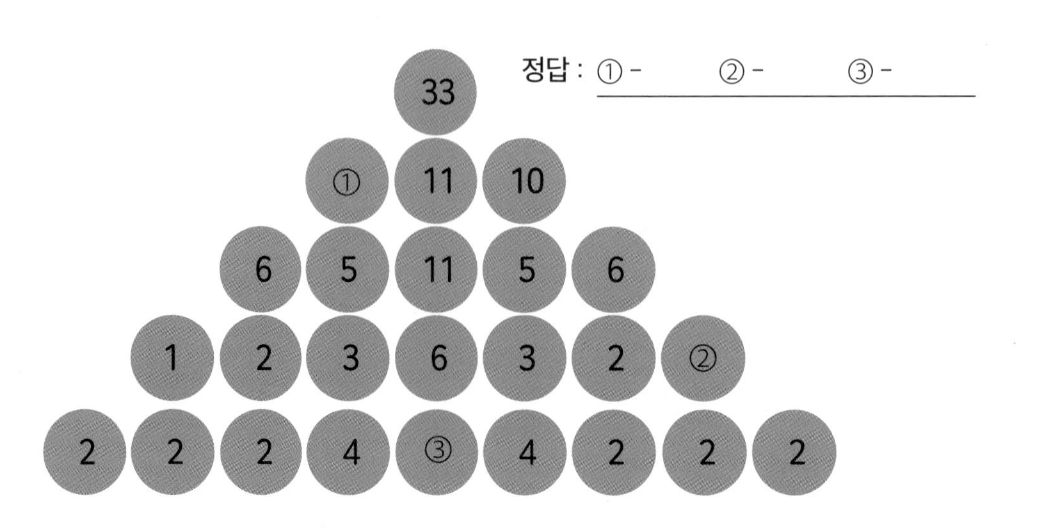

109 색종이 모양 맞추기

색종이를 두 번 접어서 가위로 잘랐습니다. 색종이를 펼쳤을 때 어떤 모양이 나올지 찾아 보세요.

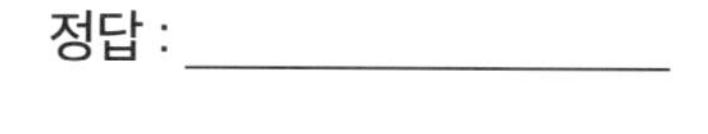

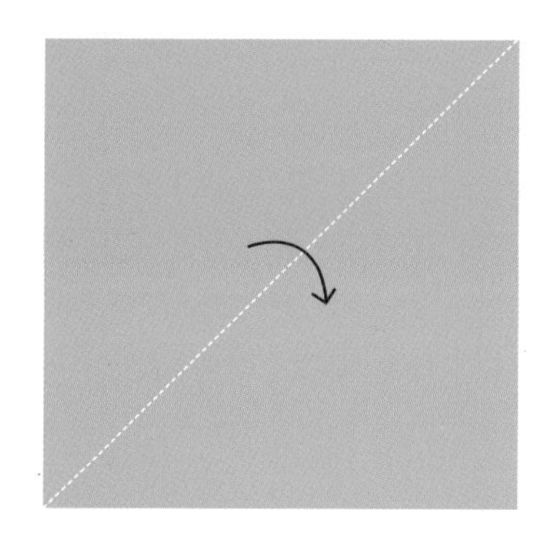

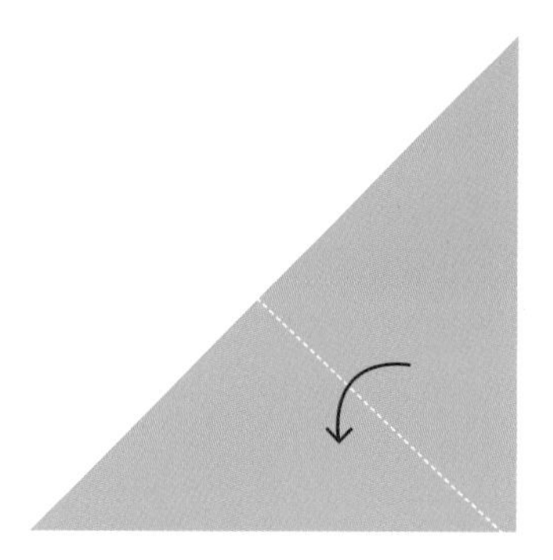

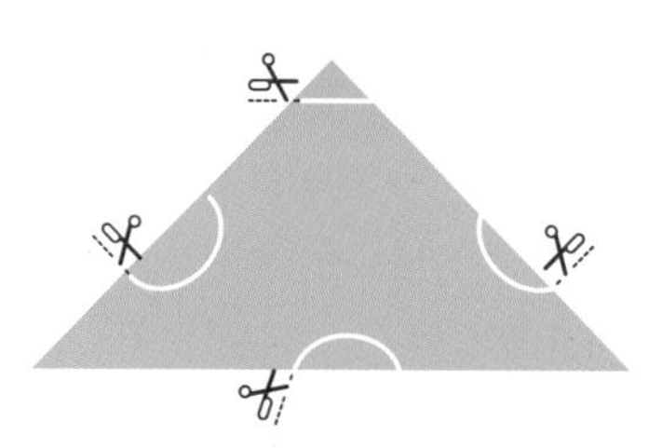

①

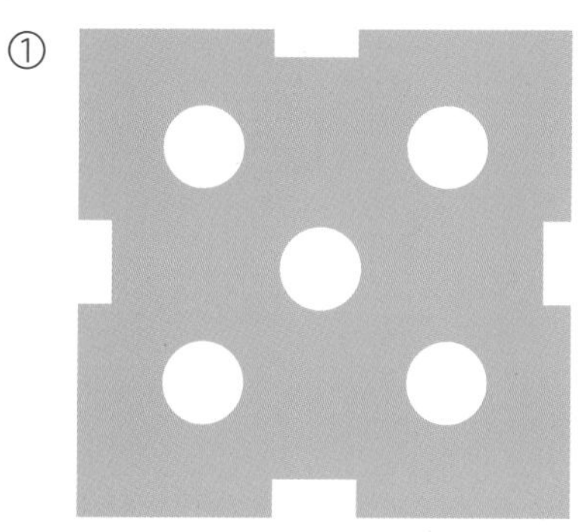

②

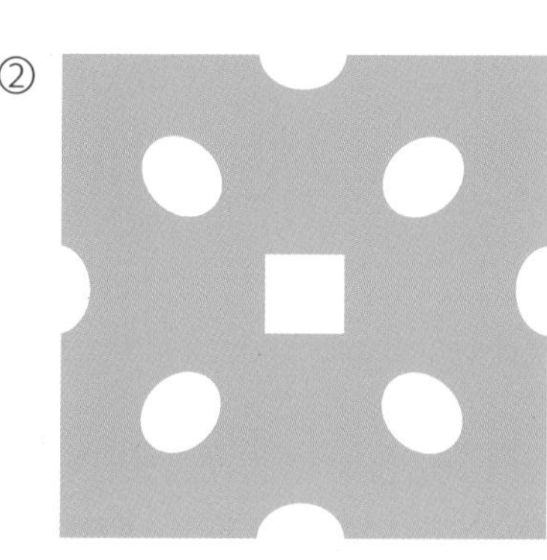

③

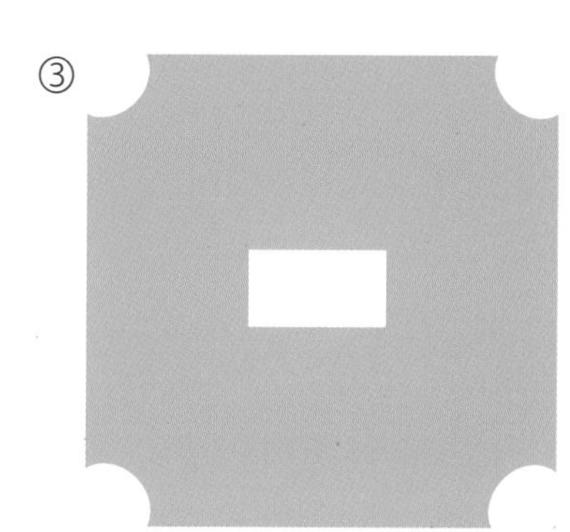

110 색종이 모양 맞추기

색종이를 두 번 접어서 가위로 잘랐습니다. 색종이를 펼쳤을 때 어떤 모양이 나올지 찾아 보세요.

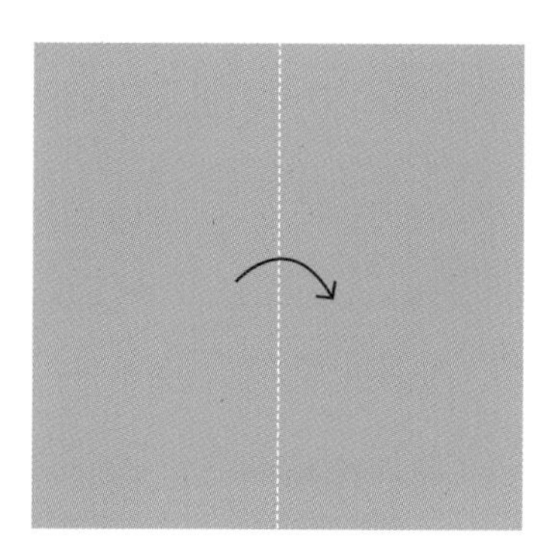

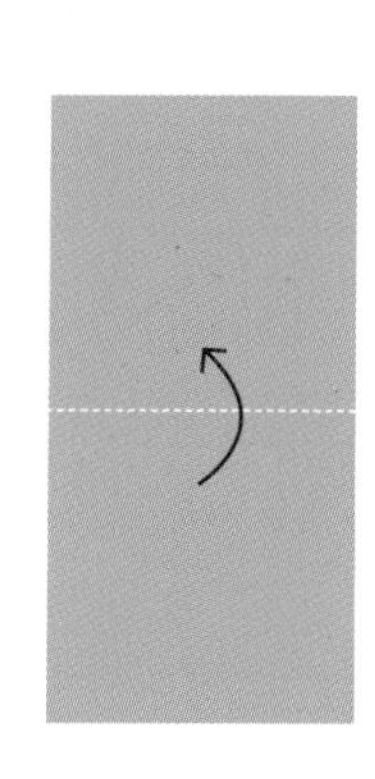

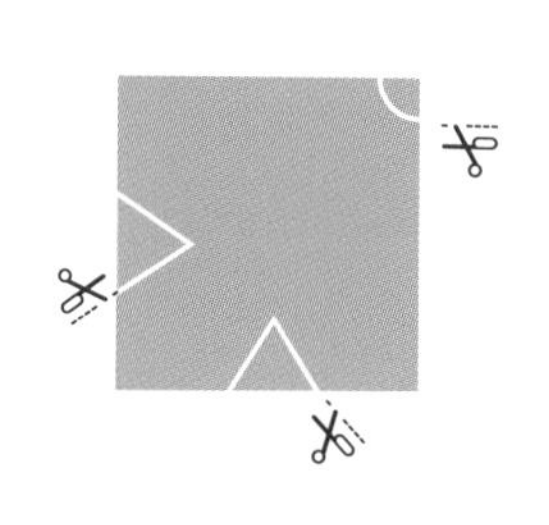

①

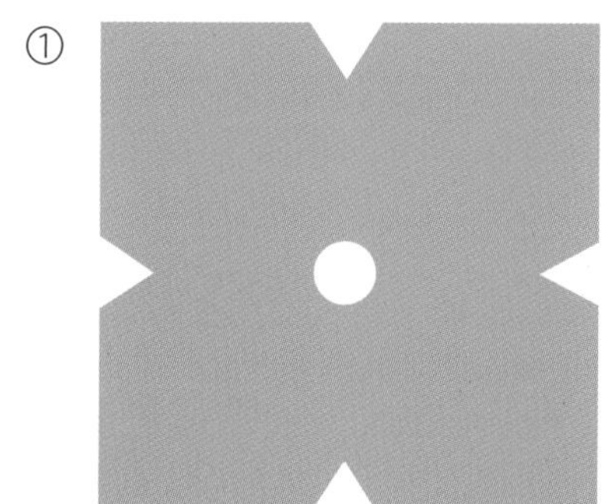

②

③

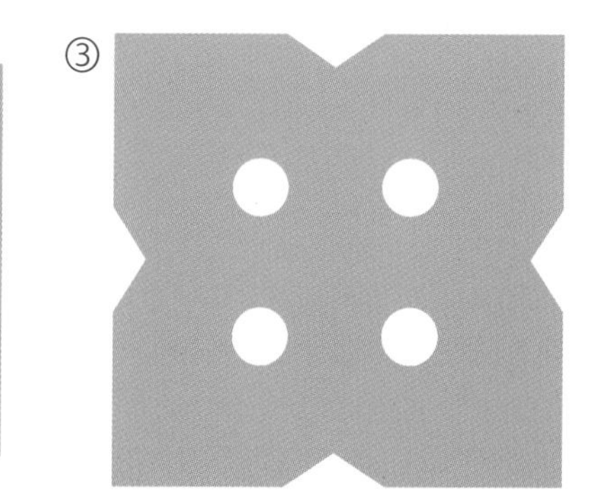

홀로 아리랑
독도

독도는 대한민국 동해에 위치한 작은 섬입니다. 울릉도에서 동남쪽으로 약 85.7km 떨어진 거리에 있으며, 일본의 오키섬과는 157km 떨어져 있습니다. 독도는 동도와 서도라는 2개의 큰 섬과 89개의 크고 작은 부속섬으로 이루어져 있습니다. 일본은 독도를 자신들의 영토라 주장하지만 1145년 편찬된 삼국사기에는 독도에 관한 최초의 기록으로 신라의 우산국 정벌에 관한 내용이 있습니다. 이후 다른 지리지나 역사서를 보더라도 독도는 우리의 영토임이 분명합니다.

111 왼쪽 사진과 달라진 곳 찾기

왼쪽 사진과 달라진 곳이 5군데 있어요. 달라진 곳을 찾아 동그라미 해보세요.

토막상식 독도의 '독'은 홀로 독(獨)자를 쓰지만 이것은 뜻과는 상관없이 한자의 소리를 빌려 쓴 것으로 본래의 뜻은 돌(石)의 사투리인 '독'입니다. 즉 '돌로 된 섬'이라는 뜻입니다. 독도 주변에는 천연가스, 메탄 하이드레이트 등 지하자원이 풍부합니다. 또한 각종 수산물과 조류가 풍부하고 다른 지역에서는 볼 수 없는 식생들이 많이 분포되어 있습니다. 그러나 지형이 가파르며 평지가 별로 없고 식수도 많지 않아 사람이 거주하기에는 부적합한 편입니다.

112 그림자 찾기

강치는 바다사자속의 해양 포유류 동물입니다. 예전에는 독도를 중심으로 한반도 동해안과 일본 열도 해안가에서 주로 서식을 했습니다. 하지만 지금은 일본의 무분별한 포획으로 멸종되었답니다. 강치의 그림자를 찾아주세요.

정답 : ____________________

토막상식 1794년 정조실록 중 "가지도에 가서 보니 가지어 네다섯 마리가 놀라며 뛰어 올라왔다"는 내용이 실려있는데, 실제로 독도에 가지(강치)가 많아 가지도로 불렸다고 합니다.

113 같은 그림 찾기

현재 독도엔 군대가 아닌 경찰청 소속의 독도경비대와 주민 등 40여 명이 거주하고 있습니다. 대한제국 시절인 1900년 10월 25일 고종 황제는 대한제국 칙령 제41호를 반포하여 독도를 울릉도의 부속섬으로 명시했습니다. 이후 2010년 이를 기념하기 위해 10월 25일을 '독도의 날'로 정했습니다. <보기>와 같은 그림을 찾아주세요.

114 달라진 곳 찾기

조선 후기 일본의 침입에 맞서 울릉도를 사수한 인물인 안용복은 부산 출신의 노비로 수군에 들어가 노를 젓는 군인이 되었습니다. 그 뒤 어부가 되어 왜관에 드나들며 일본말을 익혀 일본 사람들과 의사 소통이 가능해졌습니다. 1693년 울릉도에 일본 어민이 침입하자 이에 항거하다 일본에 건너가 울릉도가 조선 영토임을 확인받습니다. 아래 그림에서 달라진 부분 6곳을 찾아 동그라미 해보세요.

115 달라진 곳 찾기

'독도 수호자', '독도의 새'라고 불리기도 하는 괭이갈매기는 3월 상순에서 4월 하순이 되면 번식지 부근에 모여듭니다. 독도나 바위섬 하나에 수백 마리의 괭이갈매기가 모이는 일도 있어 섬, 바다, 괭이 갈매기의 조화가 장관을 이룬다고 합니다. 두 사진의 다른 부분을 아래 사진에서 5곳 찾아 동그라미 해보세요.

토막상식 독도의 주소는 경상북도 울릉군 울릉읍 독도 안용복길(서도), 독도 이사부길(동도)입니다.

116 다른 하나 찾기

괭이갈매기의 알이 있어요. 6개의 알 중에 다른 하나를 찾아주세요.

정답 : ____________

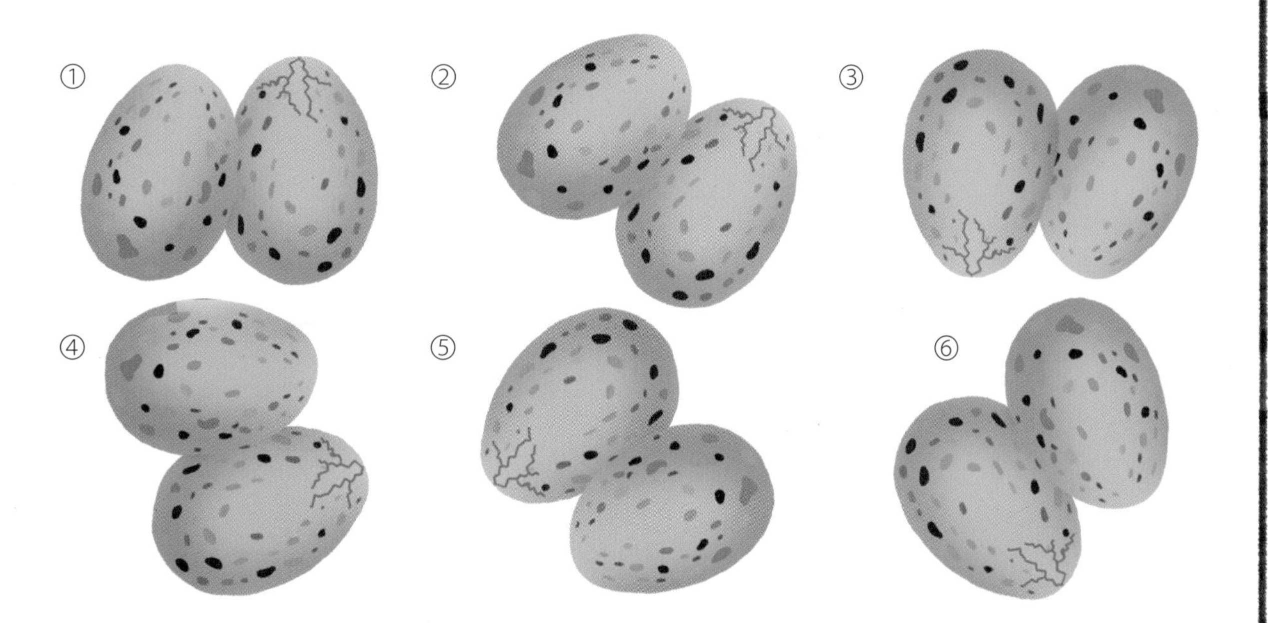

117 동그라미 다리 만들기

숫자는 동그라미와 동그라미를 잇는 다리의 개수예요. 다리는 두 개까지만 연결할 수 있고, 연결된 다리끼리 가로지르거나, 대각선으로 이을 수 없어요. 주황색 동그라미는 다리가 완성된 곳입니다. 나머지 동그라미의 다리도 만들어 주세요.

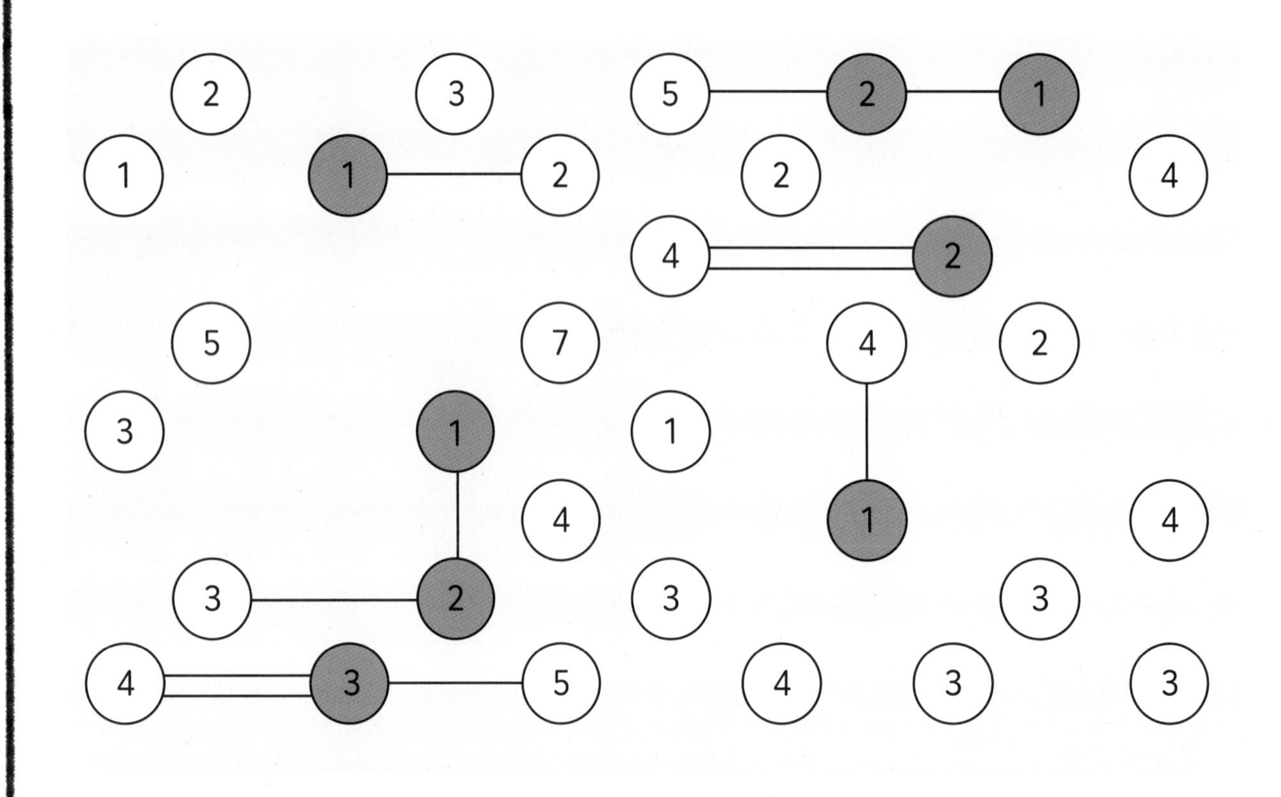

118 주사위 퍼즐

동그라미 안에 숫자들은 어떤 규칙에 따라 적혀 있어요. 규칙을 찾아 빈 곳에 들어갈 숫자를 적어 주세요.

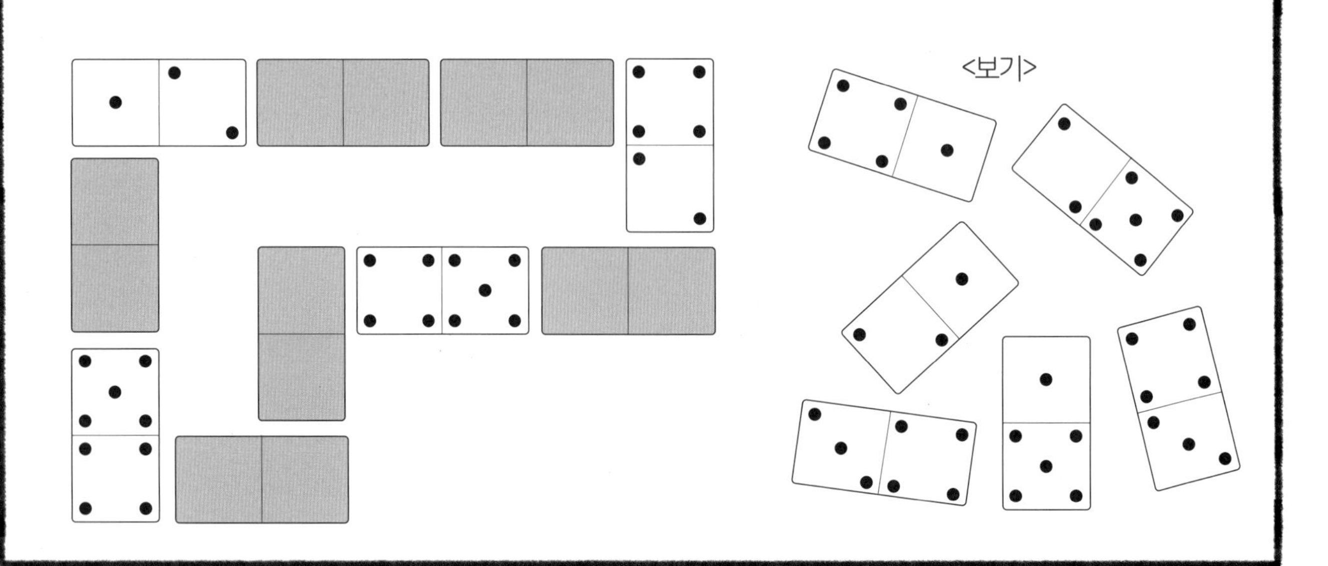

119 색종이 모양 맞추기

색종이를 두 번 접어서 가위로 잘랐습니다. 색종이를 펼쳤을 때 어떤 모양이 나올지 찾아 보세요.

정답 : ____________

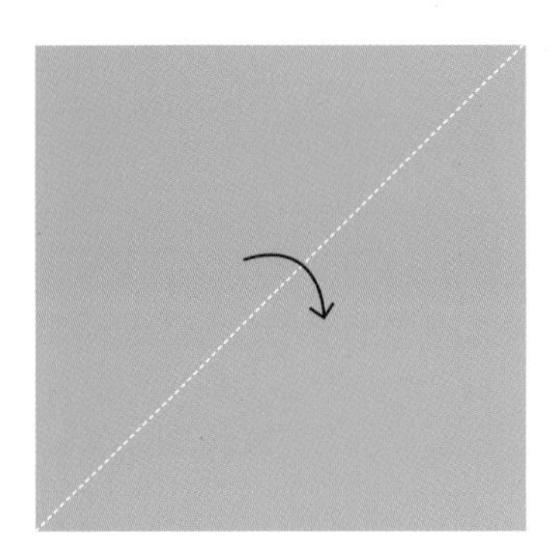

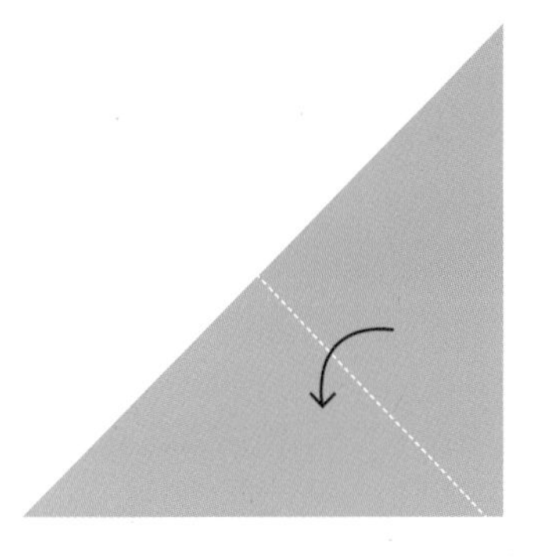

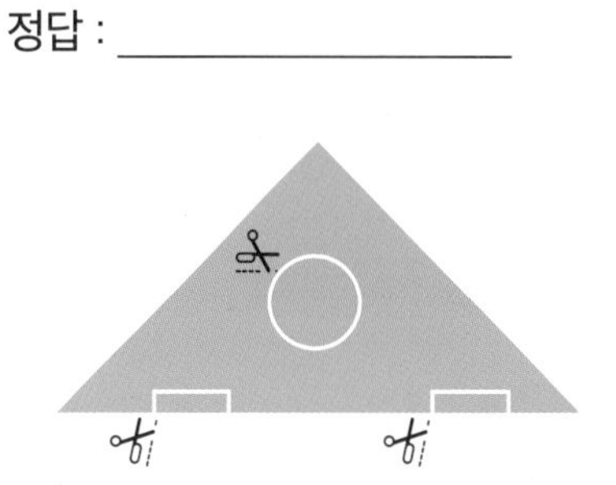

①

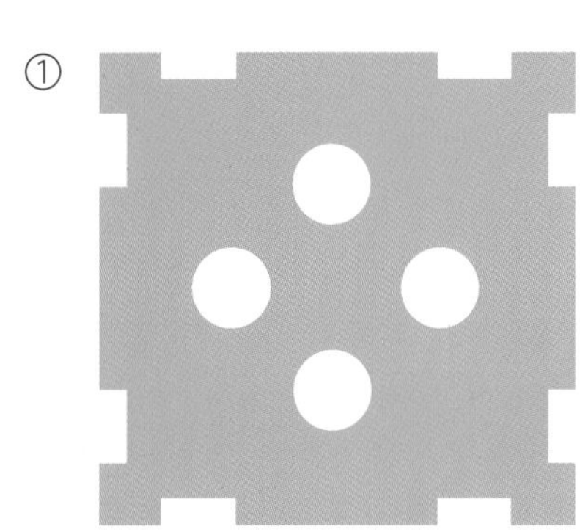

②

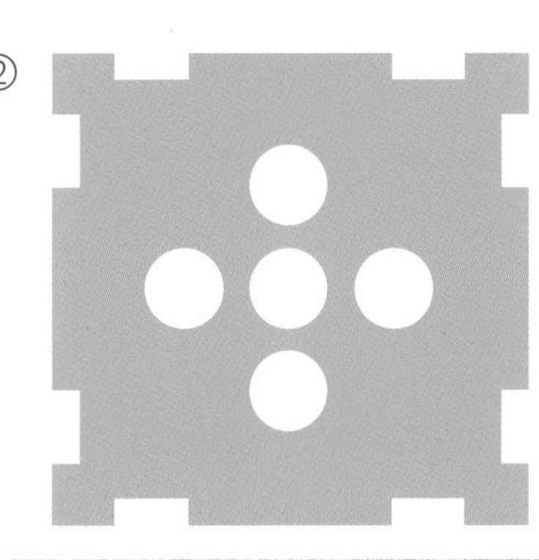

③

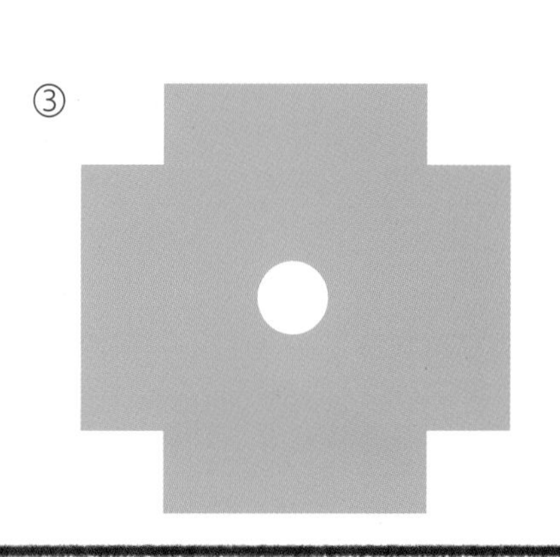

120 색종이 모양 맞추기

색종이를 두 번 접어서 가위로 잘랐습니다. 색종이를 펼쳤을 때 어떤 모양이 나올지 찾아 보세요.

정답 : ____________

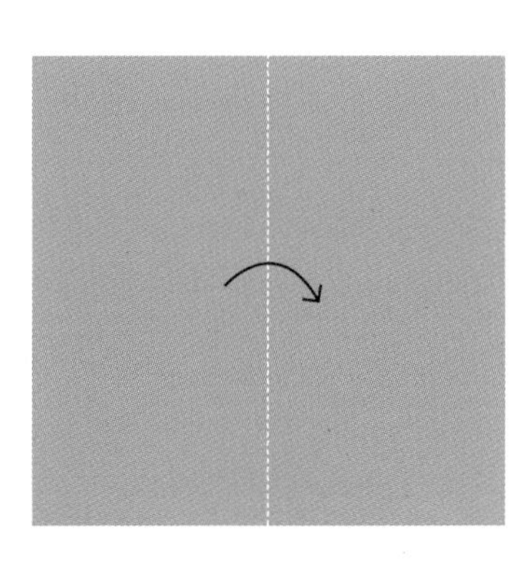

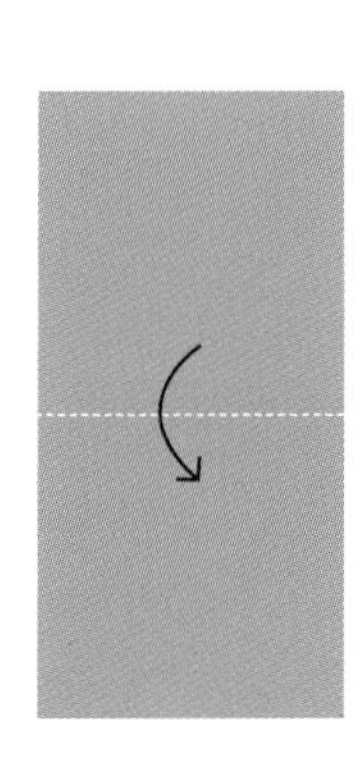

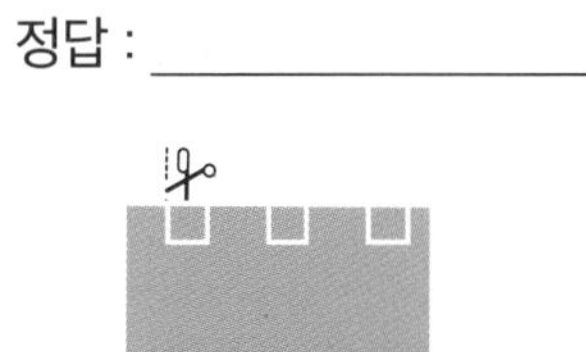

①

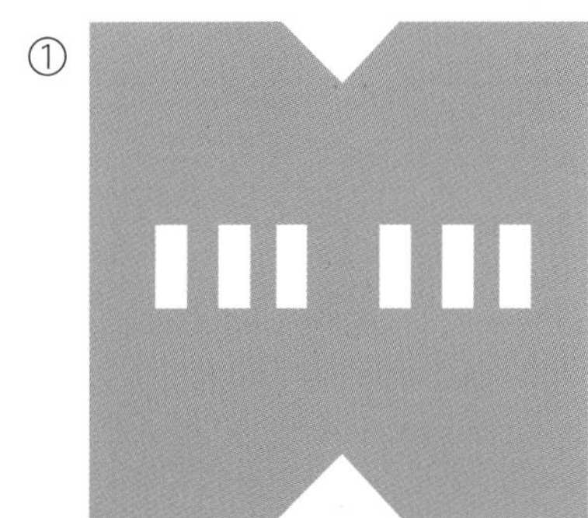

②

③

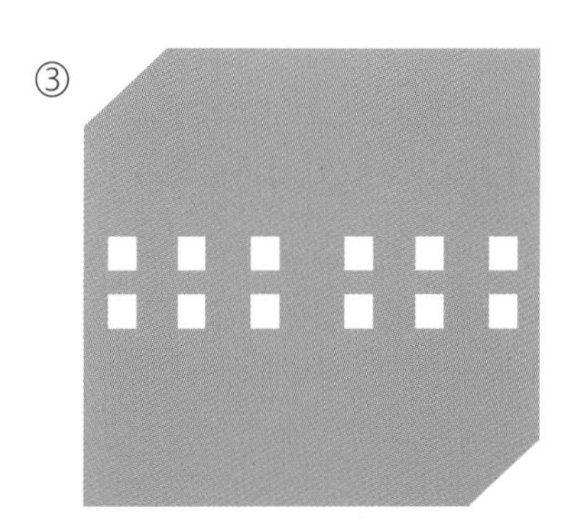

엉뚱하고 재미있는 쉬는 시간♪

머리를 쉬는 기분으로 가볍게 풀어 보세요. (정답은 각자 알아서 ^^)

1 이순신 장군이 쓴 일기의 이름은? (   )

① 난중일기　② 안네의 일기　③ 비밀일기　④ 그림일기

2 이순신 장군이 만든 함선은 어떤 동물의 모습일까요? (   )

①

②

③

④

3 안중근 의사가 하얼빈에서 총으로 쏜 사람은 누구일까요? (   )

① 히틀러　② 타노스　③ 이토 히로부미　④ 펭수

4 독도는 어느 나라 땅일까요? (   )

① 대한민국　② 한국　③ Korea　④ 우리나라

001 5P

002 6P ③

003 7P **10개**

004 8P ⑨

005 8P ㉠-④ ㉡-② ㉢-①

006 9P **10마리**

007 10P

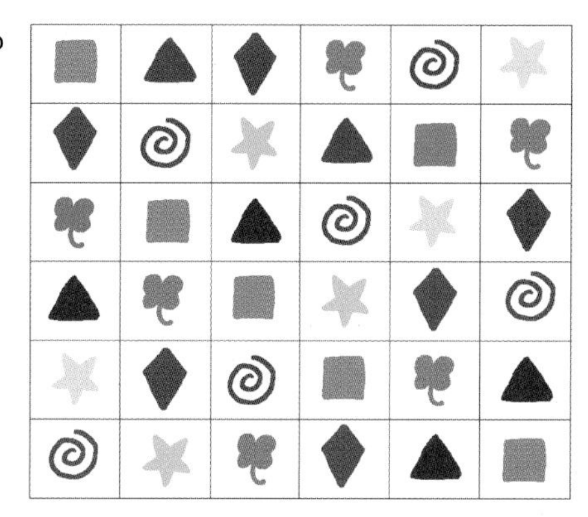

008 10P

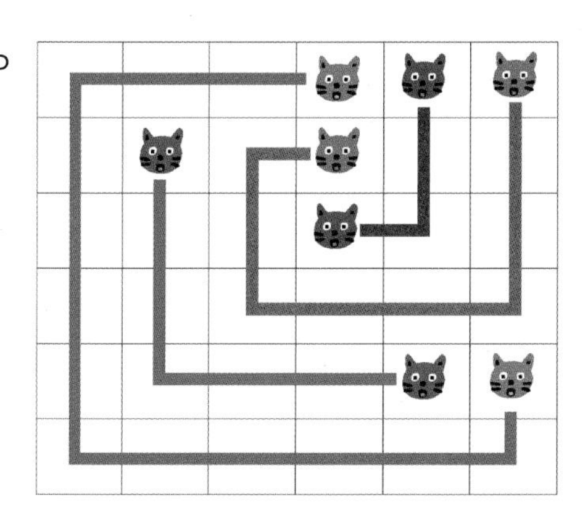

009 11P

※ 다른 경우의 답이 나올 수 있습니다.

<문제1>

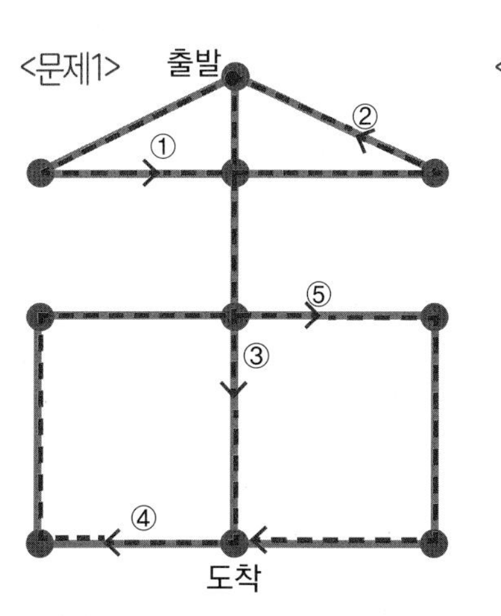

<문제2>

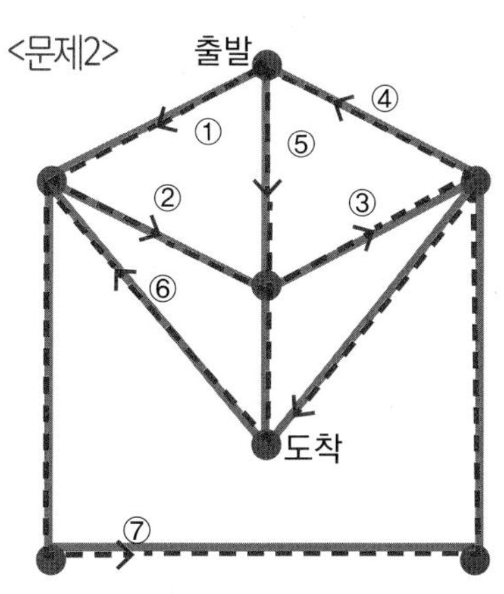

010 11P

<문제1>

5	1	2	4	6	3
4	6	3	1	5	2
6	2	1	5	3	4
3	5	4	6	2	1
2	4	5	3	1	6
1	3	6	2	4	5

<문제2>

2	1	3	4	5	6
5	4	6	3	2	1
1	3	2	6	4	5
4	6	5	1	3	2
6	5	4	2	1	3
3	2	1	5	6	4

011 13P

012 14P ②

013 15P ④

014 16P

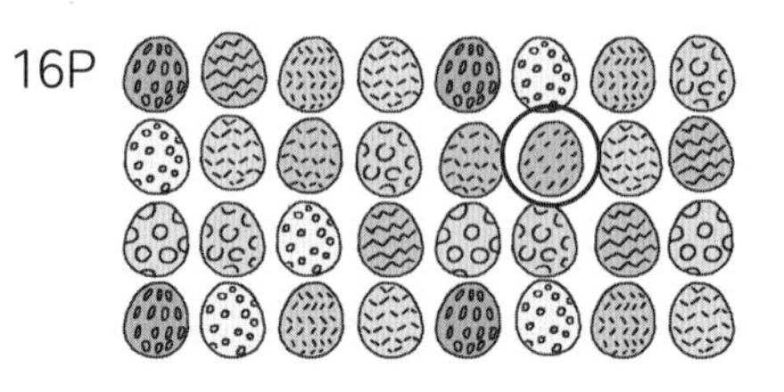

015 16P

016 17P ③

017 18P

018 18P

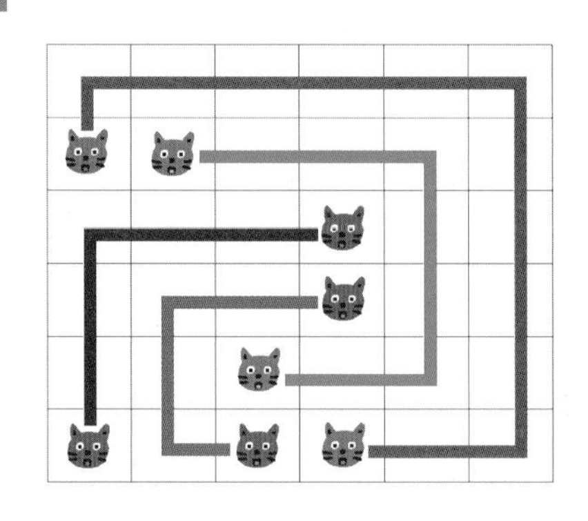

019 19P

※ 다른 경우의 답이 나올 수 있습니다.

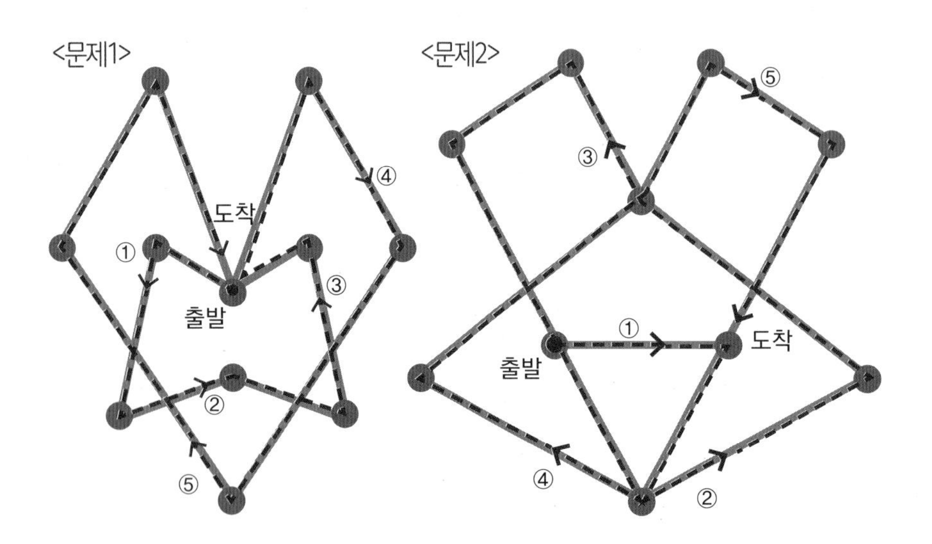

020 19P <문제1>

2	3	5	6	1	4
5	6	1	4	2	3
1	2	4	5	3	6
3	5	6	1	4	2
6	4	3	2	5	1
4	1	2	3	6	5

<문제2>

6	1	5	3	2	4
3	6	4	1	5	2
1	5	2	4	6	3
5	3	1	2	4	6
2	4	3	6	1	5
4	2	6	5	3	1

021 21P

022 22P

023 23P

024 24P

소	성	등	유	평	결	전	상	린	유
구	수	진	장	명	광	왕	성	명	동
거	사	림	고	지	겸	훈	길	효	전
겨	난	진	왕	대	토	개	광	왕	비
주	금	산	왕	추	미	장	골	유	군
조	경	장	제	루	모	덕	수	리	모
춘	보	설	국	가	선	여	춘	왕	청

025 24P

026 25P

027 26P  ❶ O ❷ X ❸ X

029 27P ① 14 ② 9 ③ 6 ④ 10 ⑤ 11

028 26P

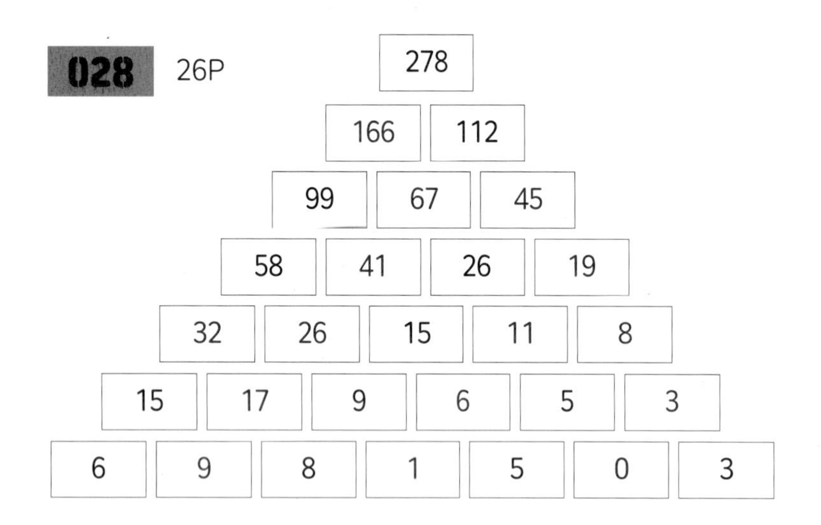

030 27P

※ 다른 경우의 답이 나올 수 있습니다.

<문제1>

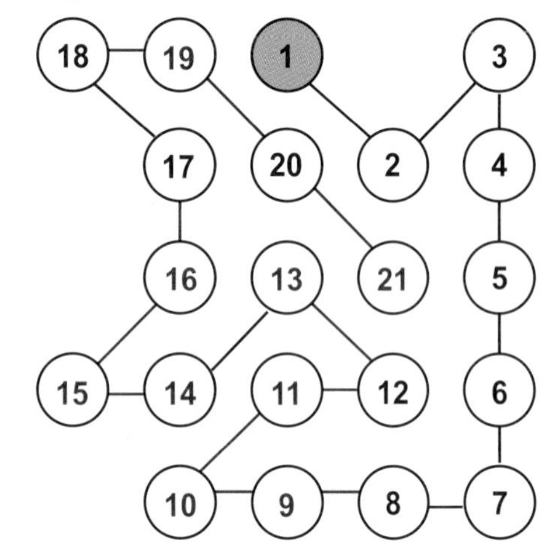

<문제2>

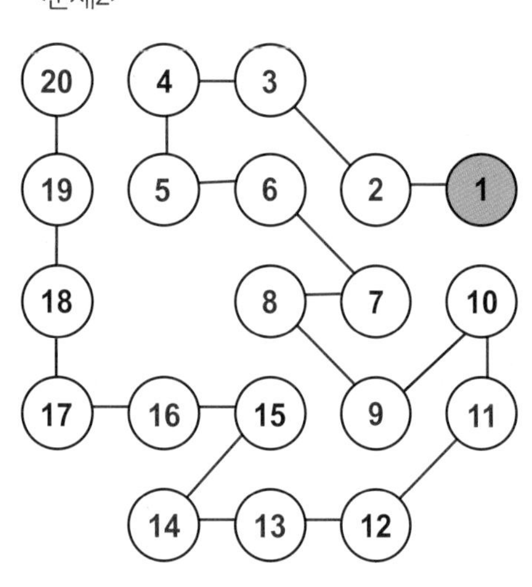

031 31P

032 32P ① ㄷ ② ㄴ ③ ㄷ

034 34P ⑥

033 33P

035 34P

036 35P

037 36P ❶ X ❷ X ❸ O

038 36P

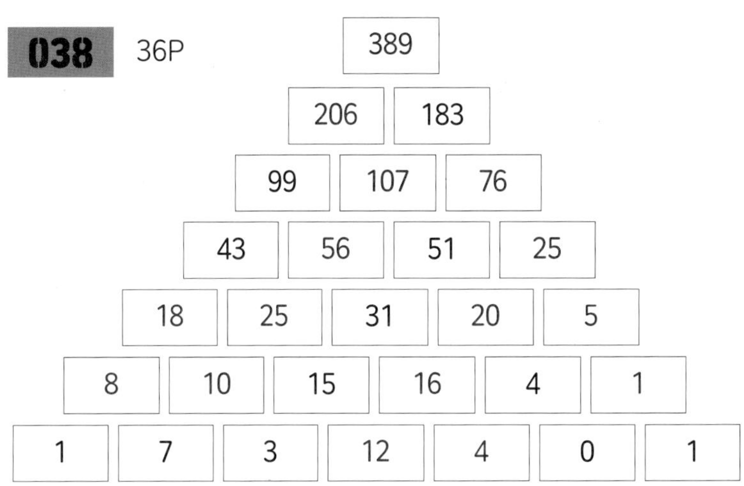

039 37P ① 11 ② 5 ③ 0 ④ 7

040 37P

※ 다른 경우의 답이 나올 수 있습니다.

<문제1>

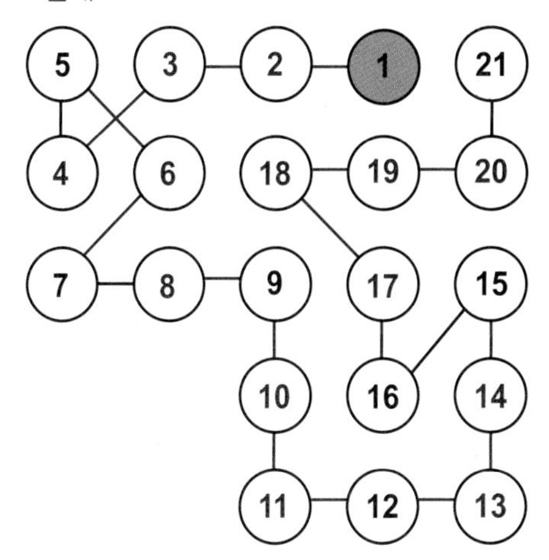

<문제2>

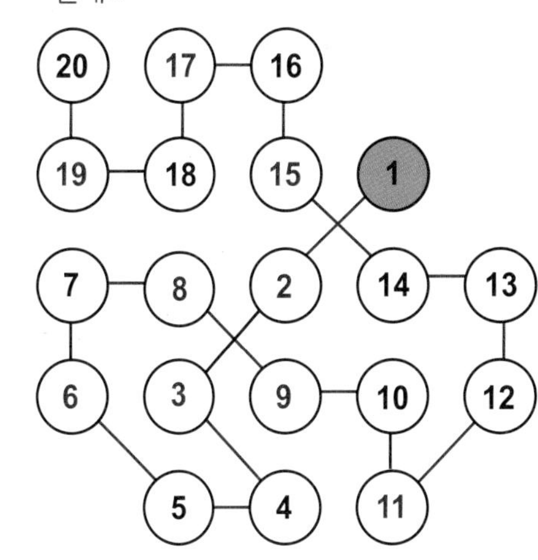

041 39P

042 40P ① ㄱ ② ㄷ

043 41P

044 42P

045 42P

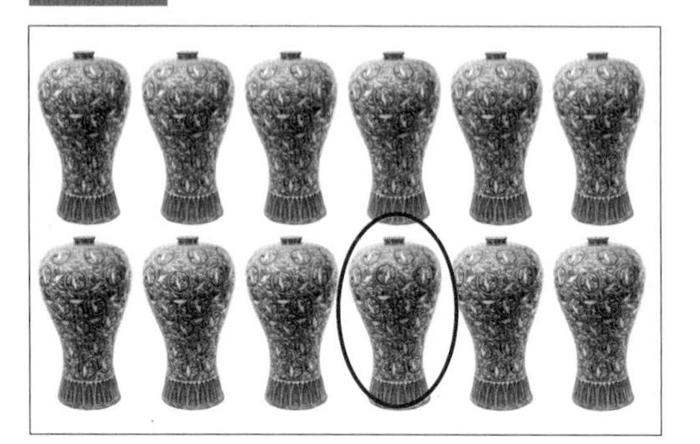

046 43P ②

047 44P

※ 다른 경우의 답이 나올 수 있습니다.

<문제1>

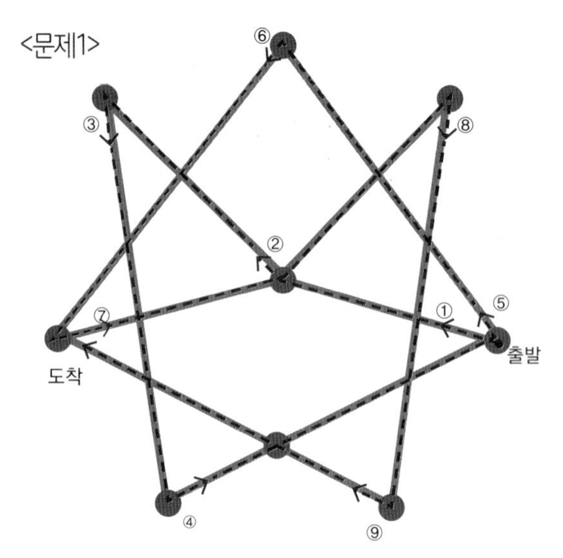

<문제2>

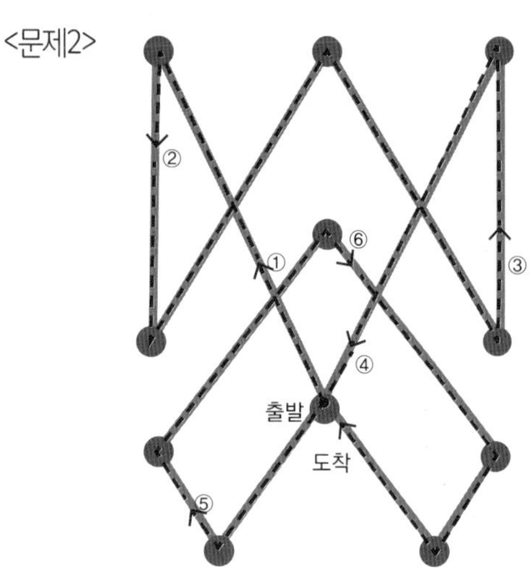

048 44P

5	1	9	6	2	7	8	3	4
3	7	2	4	1	8	9	5	6
6	4	8	5	9	3	2	7	1
1	2	3	9	7	6	4	8	5
7	9	6	8	4	5	3	1	2
8	5	4	1	3	2	7	6	9
9	3	5	2	8	1	6	4	7
2	6	7	3	5	4	1	9	8
4	8	1	7	6	9	5	2	3

049 45P ① 21 ② 84 ③ 1 ④ 7 ⑤ 12

050 45P

※ 다른 경우의 답이 나올 수 있습니다.

<문제1>

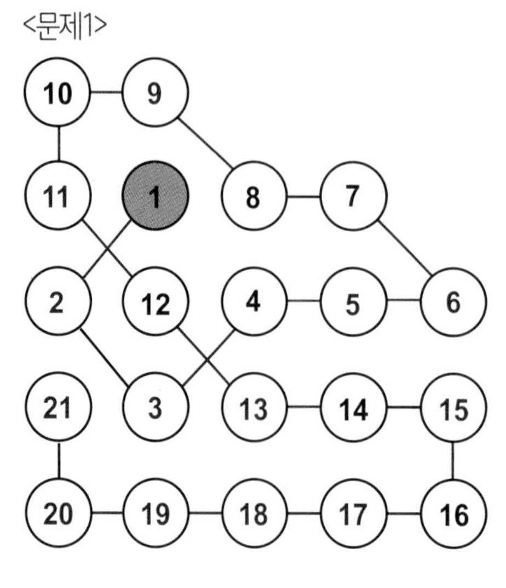

<문제2>

11 20 19 18 17

10 12 13 15 16

9 8 7 14 1

6 5 2

4 3

051 47P

052 48P

053 49P

인편단실일편단싱인편달신일편단식일편담신익편단심일편달신일
편단심일변단심일편만심일펀단심일편난심인변단심일편단짐열
편단십일펌단심인편단실일편단싱인편달신일편단식일편담신익편
단심일편달신일편단식일변단심일편단심일펀단심일편난심인변단
심일편단짐열편단십일펌단심인편단실일편단싱인편달신일편단식
일편단심익편단심일편달신일편단식일변단심일편만심일펀단심일
편난심인변단심일편단짐열편단십일펌단심인편단실일편단싱인편
달신일편단식일편담신익편단심일편달신일편단식일변단심일편단
심펀단심일편난심인변단심일편단심열편단십일펌단심인편단실일
편단싱인편달신일편단식일편담신익편단심일편달신일편단식일편
단심일편만심일펀단심일편난심인변단심일편단짐열편단십일펌단
심인편단실일편단싱인편달신일편단식일편담신익편단심일편단심
일편단식일변단심일편만심일펀단심일편난심인변단심일편단짐열
편단십일펌단심인편단실일편단싱인편달신일편단식일편담신익편
단심일편달신일편단식일변단심일편만심일펀단심일편난심인변단
심일편단짐열편단십일펌단심인편단실일편단싱인편달신일편단식
일편담신익편단심일편단심일편단식일변단심일편만심일펀단심
일편난심인변단심일편단짐열편단십일펌단심인편단실일편단싱
인편달신일편단식일편담신익편단심일편달신일편단식일편단심
일편단심일펀단심일편난심인변단심일편단짐열편단십일펌단심
일평단신일변단실인병단실일편단삼일편단신힐편단심일편단진
일편단식일편담신익편단심일편난심인편단실일편단싱일편만심

054 50P ③

055 50P

056 51P ③

057 52P

※ 다른 경우의 답이 나올 수 있습니다.

<문제1>

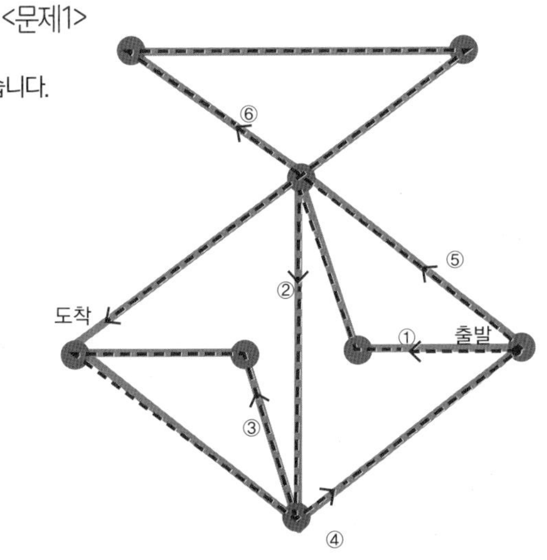

<문제2>

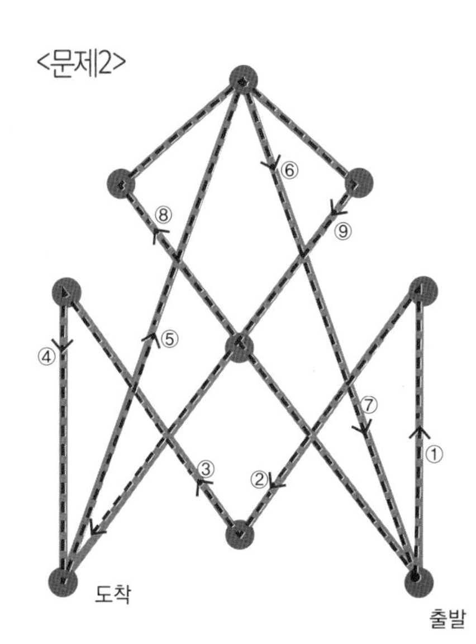

058 52P

2	1	3	4	5	6	7	8	9
5	4	8	7	3	9	1	2	6
6	9	7	1	2	8	3	5	4
3	2	1	5	4	7	9	6	8
8	5	6	9	1	3	2	4	7
4	7	9	6	8	2	5	1	3
9	8	4	2	7	1	6	3	5
1	6	5	3	9	4	8	7	2
7	3	2	8	6	5	4	9	1

059 53P ① 3 ② 4 ③ 12 ④ 5 ⑤ 5 ⑥ 6 ⑦ 6

060 53P

※ 다른 경우의 답이 나올 수 있습니다.

<문제1>

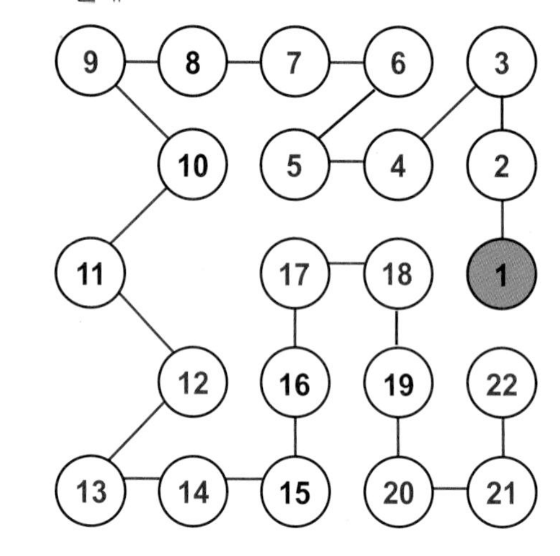

<문제2>

061 55P

062 56P ②

063 57P

064 58P

조	선	주	영	고	진	감	한	수	고
재	소	사	성	이	경	준	양	엄	정
나	효	조	반	전	성	개	임	신	곰
마	방	단	태	대	한	계	김	숙	종
이	교	유	공	찬	창	구	박	조	궁
굴	북	래	비	대	독	매	애	리	복
재	손	나	농	도	갈	기	사	신	경

065 58P

066 59P ③

067 60P

※ 다른 경우의 답이 나올 수 있습니다.

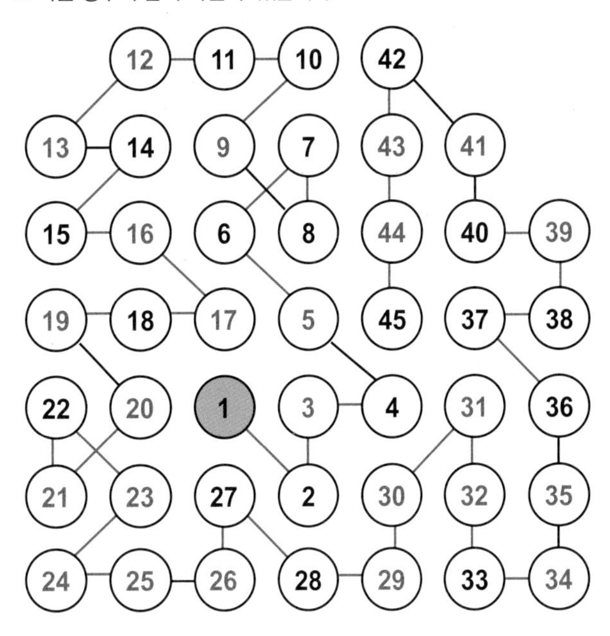

068 60P ① 3 ② 1

※ 모든 가로줄의 합은 15입니다.

069 61P

1	2	5	6	9	4	1	6	5	7
1	4	7	2	6	3	9	7	8	8
8	0	3	0	1	4	4	8	9	1
7	3	3	7	0	7	6	7	5	3
3	2	0	2	5	1	3	3	4	1
6	1	1	7	2	5	9	4	2	2
2	8	4	3	5	8	5	7	5	4
1	4	6	9	0	5	4	8	1	3
5	4	0	2	1	9	8	3	2	0

070 61P

4	6	3	1	5	2	7	9	8
8	2	7	3	6	9	4	1	5
9	5	1	7	4	8	2	3	6
1	3	8	5	2	6	9	7	4
5	7	4	9	8	1	3	6	2
2	9	6	4	7	3	8	5	1
3	8	2	6	1	7	5	4	9
6	4	9	2	3	5	1	8	7
7	1	5	8	9	4	6	2	3

071 63P

072 64P ①

073 65P ③

074 66P 212,750원

075 66P

076 67P

077 68P

※ 다른 경우의 답이 나올 수 있습니다.

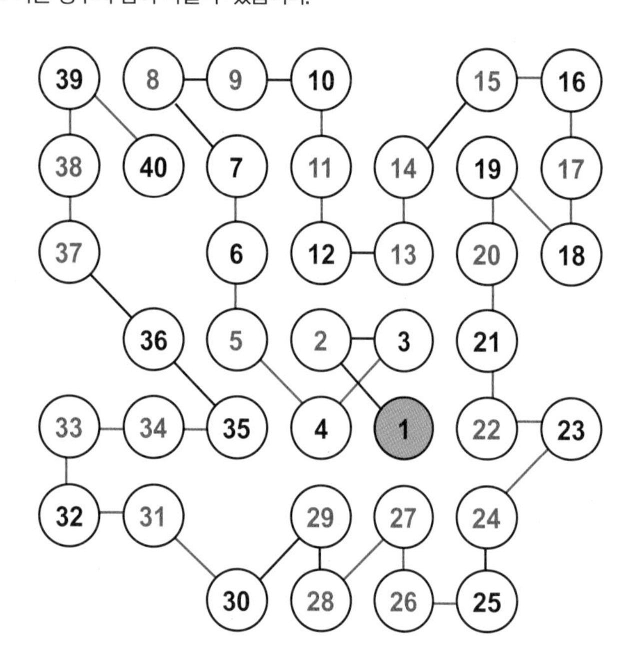

078 68P

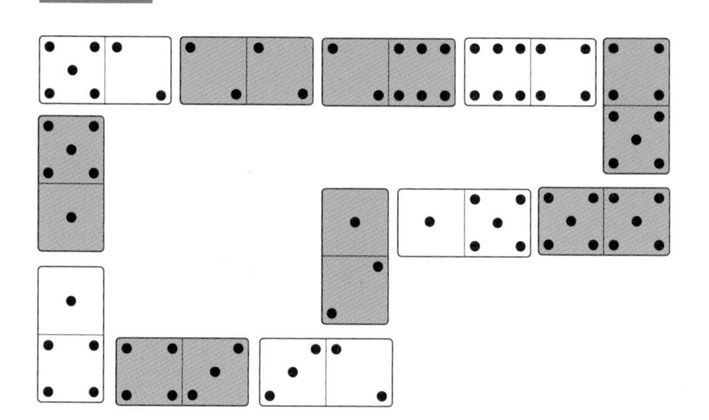

079 69P

3	5	1	5	0	8	6	7	7	1
4	5	1	7	0	8	6	6	6	2
5	4	3	7	9	7	7	7	5	3
6	9	0	9	7	9	8	5	9	4
7	3	4	7	5	5	9	8	8	5
6	7	2	1	3	6	0	3	7	6
5	4	6	1	8	2	3	4	0	7
7	2	3	2	1	1	2	2	9	8
8	3	8	5	2	9	1	7	7	9

080 69P

1	2	3	4	5	6	7	8	9
4	6	8	2	7	9	1	3	5
7	5	9	1	3	8	2	4	6
3	1	2	6	9	4	5	7	8
5	7	6	3	8	1	9	2	4
8	9	4	5	2	7	6	1	3
6	3	1	7	4	5	8	9	2
9	4	5	8	1	2	3	6	7
2	8	7	9	6	3	4	5	1

081 73P

082 74P ①

083 75P ③

084 76P

085 76P

086 77P

					6	10	13	16	3	6	9
					4	7	9	19	5	10	12
					7	10	14	23	20	25	15
27	23	19	**16**	**13**	**10**	13	16	37	31	35	18
31	10	13	**19**	**22**	**25**	**28**	31	34	44	47	21
34	28	25	22	32	28	**31**	25	32	45	18	24
38	31	24	39	36	**37**	**34**	37	40	43	46	27
44	34	53	50	25	**40**	39	24	51	28	49	21
48	59	62	65	44	**43**	**46**	**49**	4	51	52	56
52	81	55	52	49	46	76	**52**	1	0	55	59
54	84	87	91	94	53	14	**55**	**58**			
58	63	66	68	72	74	76	79	83			

087 78P

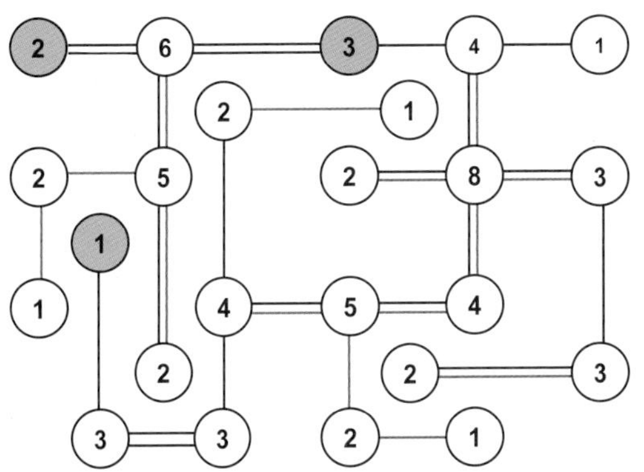

088 78P

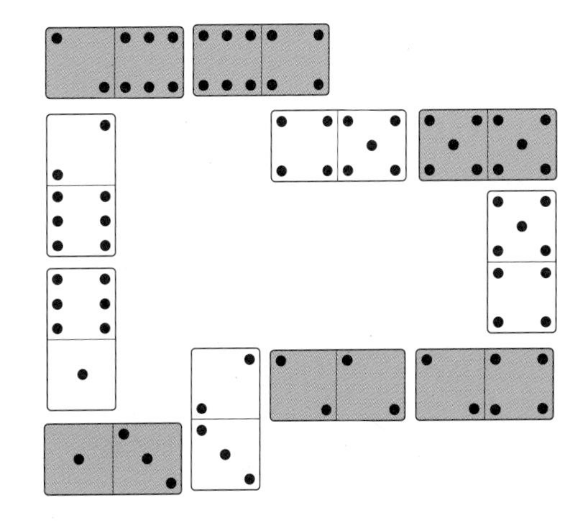

089 79P

[1] 5	2	7	[2] 3		[4] 1	2
0			[3] 3	0	0	
	[5] 8	[6] 8	6			
	1	5		[9] 7	8	[10] 2
		[7] 7	[8] 2	8		4
[12] 1	4	2	8		[11] 4	8
[13] 1	2		[14] 9	5	0	

090 79P

6	1	2	5	3	7	4	8	9
3	4	5	1	8	9	2	6	7
7	8	9	2	6	4	1	3	5
2	3	1	4	5	6	9	7	8
4	5	7	8	9	1	3	2	6
9	6	8	7	2	3	5	1	4
5	2	4	3	7	8	6	9	1
8	9	3	6	1	5	7	4	2
1	7	6	9	4	2	8	5	3

091 81P

092 82P

093 83P ④

094 84P

금	승	안	김	삼	오	차	두	성	조
안	중	구	교	진	상	북	남	교	통
근	다	지	마	홍	람	두	아	끼	정
강	코	호	강	도	늘	칠	범	토	리
봄	하	랑	박	곰	시	성	을	칠	부
천	주	교	수	우	보	정	샘	응	사
미	아	리	마	조	다	로	서	시	감

095 84P ③

096 85P

097 86P

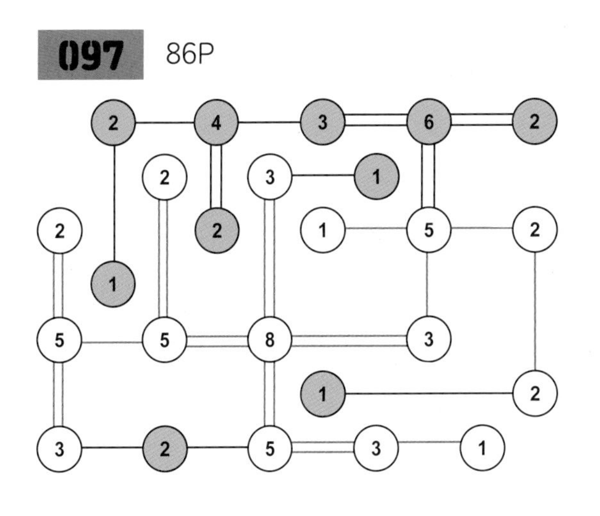

098 86P

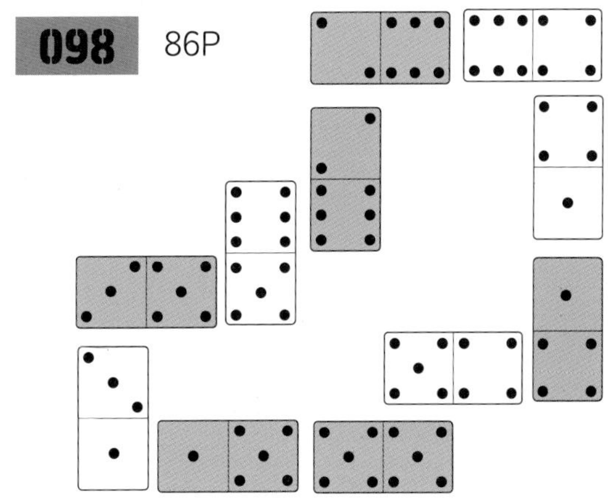

099 87P

[1] 1	0	0	4		[2] 5	2
5			[3] 9	7	1	
0	[4] 8	2	5			[6] 7
	[5] 7	4		[7] 8	0	1
[8] 2	1		[9] 7	0		
[10] 4	4			[11] 3	2	[13] 6
0			[12] 5	0	8	1

100 87P

8	1	3	2	4	6	5	9	7
4	5	7	8	9	1	6	2	3
6	2	9	5	3	7	1	4	8
1	3	4	6	2	5	7	8	9
2	6	8	9	7	3	4	1	5
7	9	5	1	8	4	2	3	6
3	4	1	7	6	8	9	5	2
5	7	2	3	1	9	8	6	4
9	8	6	4	5	2	3	7	1

101 89P

102 90P ②

103 91P

도립운동독림운동노립운동록입운동돈림운동독립우동
독립운동독림운동목립운동녹립운동독립움동독립운동
독릭운동독립운동독립운몽독립운돈독립옹둥도리운동
모리요요옥립운동독린운농독립온동독립운몽독립운돈
독립옹둥도리운동모리요요옥립운동독립운동도립운
동독림운동노립운동록입운동돈림운동독립우동독립운
동독립온동독립운몽독립운돈독립옹둥도리운동모리요
요옥립운동독린운농도립운동독림운동노립운동록입운
동돈림운동독립운동도리운동모리요요옥립운동독립운
동독립온동독립운몽독립운돈독립옹둥도리운동모리요
요옥립운동독린운농도립운동독림운동독립운동동돈림
운동독립우동독립운돈독립옹둥도리운동모리요요옥립
운동독린운농도립운동독림운동노립운동록입운동돈림
운동독립우동독립운동독립온동독립운몽독립운돈독립
옹둥도리운동모리요요옥립운동독린운농도립운동독립
운동노립운동독립운동돈림운동독립옹둥도리운동모리
요요옥립운동독린운농독립온동독립운몽독립운돈독립
옹둥도리운동독립옹둥도리운동모리요요옥립운동독린
운농도립운동독림운동노립운동록입운동독립운동독립
우동독립운동독림운동목립운동녹립운동독립움동도
리우도독릭운동독립온동독립운몽독립운돈독릴운동

104 92P

105 93P

106 93P ④

108 94P ① 12 ② 16 ③ 13

※ 모든 가로줄의 합은 33입니다.

107 94P

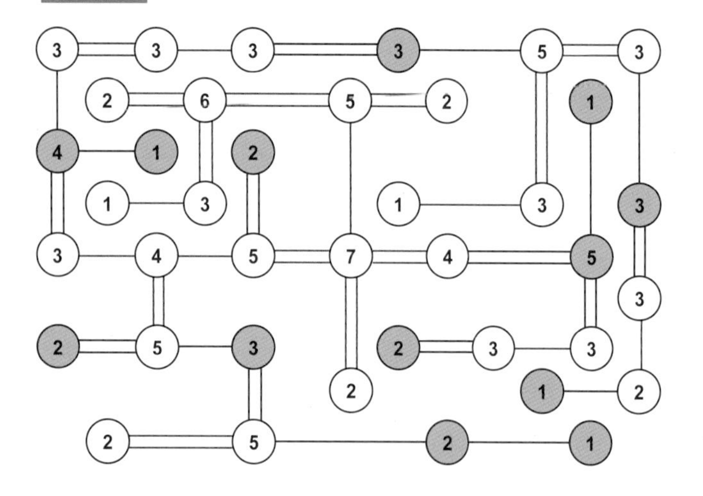

109 95P ②

110 95P ②

111 97P

112 98P ⑤

113 99P ③

114 100P

115 101P

116 101P ③

117 102P

118 102P

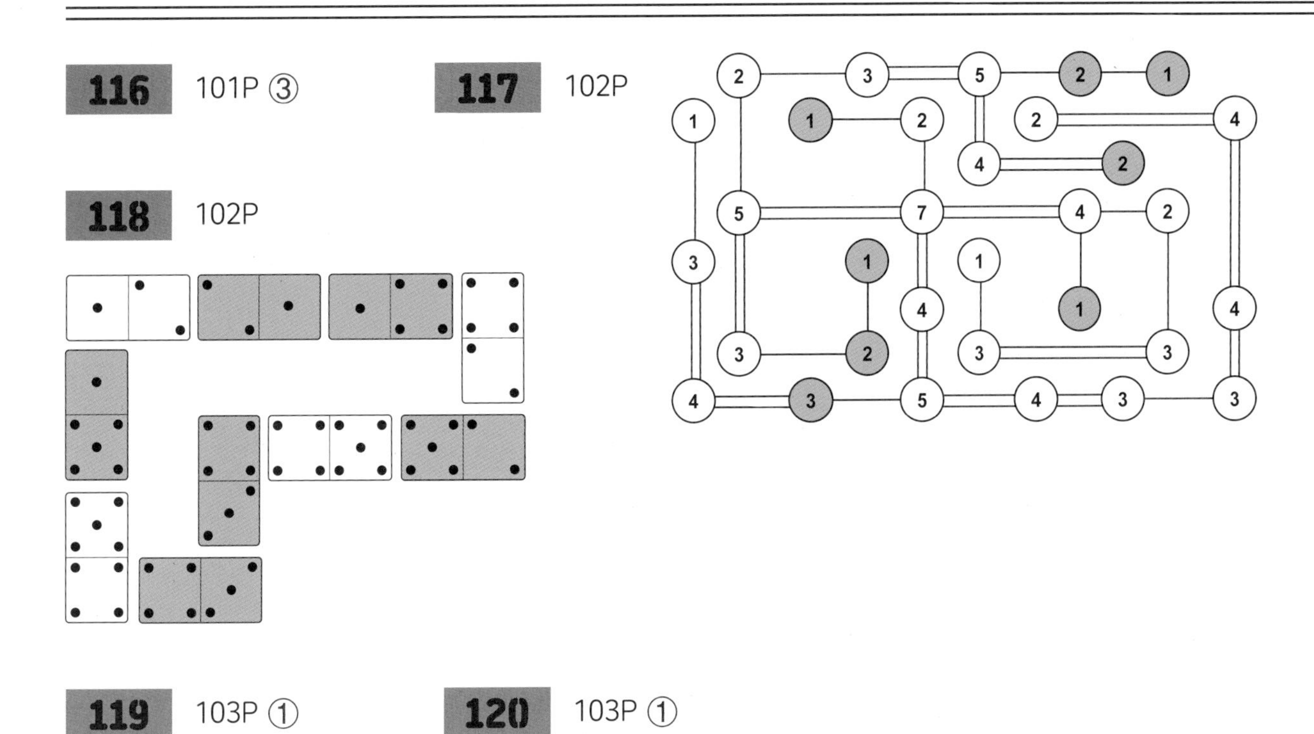

119 103P ①

120 103P ①

두뇌 놀이 120개!

우리 역사 다른 그림 찾기, 그림자 찾기 등

역사 여행

1 쇄 발 행 2020 년 9 월 8 일

펴 낸 이 임형경
펴 낸 곳 라즈베리
마 케 팅 김민석
디자인 · 그림 홍수미
글 쓴 이 김 단
편 집 박숙희 · 이재욱

등 록 제 2014-33 호
주 소 (우 01364) 서울 도봉구 해등로 286-5, 101-905
대 표 전 화 02-955-2165
팩 스 0504-088-9913
홈 페 이 지 www.raspberrybooks.co.kr
블 로 그 http://blog.naver.com/donmo72

I S B N 979-11-87152-30-9 (13690)

두뇌놀이 시리즈 1탄

두뇌놀이 재밌겠다

찬바람이 쌩쌩 불 때 차 한잔을 마시는 시간은 정말 따스하고 행복한 기분이 들어요. 민들레차, 오미자차, 목련꽃차, 국화차, 감잎차, 도라지차, 메밀차……. 한국의 차는 대부분 봄, 여름, 가을, 겨울 계절별로 마시면 몸에 좋은 차가 많네요. 오늘은 커피 말고 가족과 함께 우리 차를 마시면서 두뇌놀이에 빠져보면 어떨까요?

▼샘플 엿보기

두뇌놀이 시리즈 2탄

두뇌놀이 힐링된다

100개!

식물로 그림자 찾기, 다른 그림 찾기 등

두뇌놀이 힐링된다

들풀, 담쟁이덩굴, 화초, 화단, 담벼락, 한옥 등 자연의 사진이나 그림 속의 두뇌놀이 문제를 풀어보세요. 총 100개의 문제가 준비되어 있습니다. 문제를 풀지 않을 때는 빈 공간에 그림을 따라 그려보거나 그날그날의 감정을 짧게 써 넣어 보세요. 자신만의 특별한 힐링 책 한 권이 생길 거예요.

▼샘플 엿보기

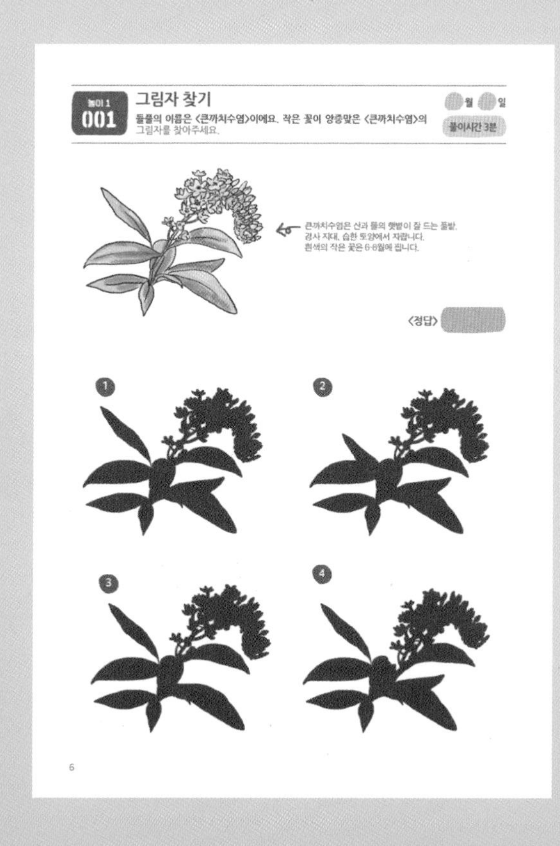

행복한 그림 동물원

쉽 고 재 미 있 는 동 물 일 러 스 트 레 슨

행복한 그림 동물원

가족과 함께 그림으로 특별한 동물원을 완성해 보세요. <행복한 그림 동물원>은 저자가 직접 동물원을 수차례 방문하여 자세하게 관찰한 100여 종류의 동물 스케치를 토대로 완성했습니다. 동물의 특징에 맞게 그리는 순서와 방법이 잘 소개되어 있고, 동물의 다양한 표정과 행동을 느끼면서 그릴 수 있습니다. 보고만 있어도 행복해지는 귀여운 동물들을 가족과 함께 도란도란 그려보면서 행복한 시간 보내기를 바랄게요.

▼샘플 엿보기

020

| GIANT PANDA |

자이언트 판다

GIANT PANDA

식육목 곰과

체격이 곰과 비슷하고
눈 주변, 귀, 뒷발, 어깨에서 앞발까지가
검은색이고 나머지는 하얗다.

1 검은색 동그라미 2개를 그린다.

2 그 아래에 '/ \'자 모양으로 길쭉한 동그라미를 그린다.

3 다시 그 아래에 검은색의 찌그러진 듯한 동그라미를 그린다.

4 큰 동그라미로 에워싼다. 입 모양에 따라 표정이 변한다.

| GIANT PANDA |

021

하얀 꼬리는 짧고 도톰하다.

1 '<' 모양을 그린 후, 양끝에 길고 짧은 곡선 2개를 연결한다.

2 검은색으로 눈, 코, 입, 귀를 그린다.

3 배의 윤곽을 그린다.

4 검은색으로 등에서 앞발까지 칠한다. 뒤쪽은 뒷발만 검은색으로 칠한다.

에코네코 컬러링북 애니멀 퍼레이드

사르르 입 안에서 녹는 팬케이크를 나르는 유니콘, 아슬아슬 샴페인 글라스 탑을 옮기는 코끼리, 살며시 소중한 열쇠를 물고 가는 기린, 아주아주 깜찍 발랄한 푸들, 언제나 사랑스러운 멋쟁이 고양이들…
ECONECO가 그리는 환상의 세계는 소녀들이 좋아할 만한 귀엽고 화려하고 신비로운 것들로 가득해요. 여러분도 마음속에 고이 간직해 온 나만의 색으로 ECONECO의 세계로 함께 떠나 보실까요?

▼샘플 엿보기

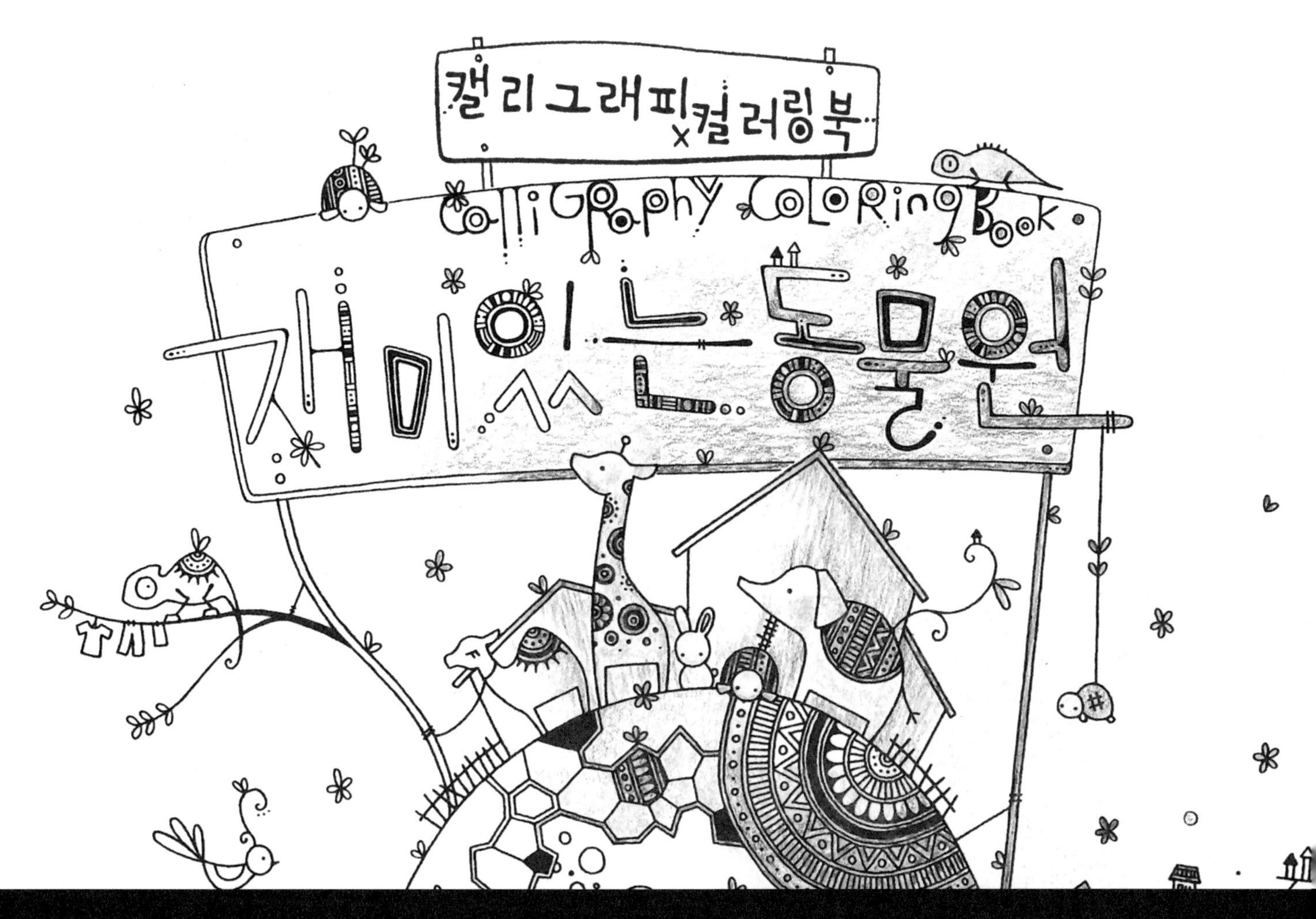

카메이치도 재미있는 동물원

책장을 넘기면 한껏 멋을 부린 동물이 보이고, 동물 위로 소박한 집과 나무, 연기 나는 굴뚝, 식구수대로 걸어놓은 빨래, 앙증맞은 울타리, 흩날리는 꽃잎이 보입니다.
무표정한 듯한 동물의 표정은 마치 우리에게 지금 힘들다고, 걱정거리가 있다고 말을 거는 것 같습니다. 이야기가 있어 오묘한 재미가 있는 <재미있는 동물원> 친구들을 만나러 놀러오세요. 반짝반짝 그림과 짧지만 굵은 스토리가 기다립니다.

▼샘플 엿보기

글씨는 절대 배반하지 않는다
펼침이 좋은 스프링 제본!
글씨 기본기 익히기 10
맞춤법 띄어쓰기 100
글씨 변형 포인트 10
YouTube 동영상 강의
초·중·고, 일반인 누구라도! 손글씨 악필교정의 끝!!
노트글씨 문제없다
손글씨를 바로 잡아보겠다는 의지를 장착하고 '노트글씨 문제없다'를 손에 넣으면 손글씨 고민은 이제 끝!

엄마가 글씨 책 사주셨다~ 너도 보여줄게 ㅎㅎ
우엥, 또??
글씨 교본
1
따라해도 글씨는 여전히 엉망이야 ㅠㅠ
비슷비슷한 책 사모으는 게 취미세요?
따라하는 글씨체
예쁜 글씨
굵은 교본
표지만 다르지 다 똑같다냥
2
남의 글씨를 백날 따라한다고 글씨체가 잡아지는 건 아니지~ 자신의 글씨체를 찾아야 한다구!
절실하게 찾고 싶다!! 나만의 글씨체~
꺼이 꺼이
3
4
몹시 달라보이는 그 책은 무엇이냐?! 나도 좀 보여주라~~
오빠의 글씨체를 찾아줄 방법이 여기있다구! 나와 같이 그 길을 따라 가보지 않겠어?!!
하 하 하
희망적이다냥~
노트글씨 문제없다